Basics of Copyright

これだけは知っておきたい
「著作権」の基本と常識

アウトとセーフの境界線を理解しよう!

- ●オマージュとパクリの境界線は?
- ●動画投稿サイトにアップできるもの、できないもの
- ●「商用」と「非商用」の違いは?
- ●国・官公庁の統計資料は自由に使える?

弁護士
宮本 督【監修】

はじめに

　デジタル機器やインターネットの進化と汎用化により、デジタルデータのコピーがきわめて安易に安価に行われるようになるにつれ、「著作権法」が耳目を集めるようになってきました。

　そう聞くと、多くの方は音楽分野での問題を思い浮かべるのではないでしょうか。実際、デジタルコピーに関する技術の進歩と普及が、レコード会社の売上げに大きなインパクトを与えたことは、著作権に関する広い議論を巻き起こしてきました。

　現行の著作権法が制定されたのは1970年のことです。その頃、音楽の録音や再生の装置で一般家庭に普及していたのはカセットテープとラジカセくらいでした。それでも1980年代に入って、レンタルレコード店が増え、人々は、借りてきたレコードを家庭でカセットテープに録音できるようになり、それが音楽業界の反発を買うようになりました。

　しかし問題はこれにとどまりませんでした。1980年代にデジタル録音のCDが登場すると、瞬く間にアナログ録音のLPを抜き去り、家庭用の録音機器も続々と現れ、家庭のパソコンで、CD-Rにコピーすることが可能になります。デジタル録音技術を使えば、コピーをしても音質が劣化することがないため、CD-Rを利用した海賊版CDが流行しました。

　さらに1990年代の後半から、インターネットが登場し、データの圧縮技術と、データ通信回線の大容量化により、レコード会社の許諾を得ない、海賊版の音楽データの配信サイトが現れました。

　技術はさらに進みます。ファイル交換という新しいテクノロ

ジーです。ユーザー同士が、手許にあるデータを互いに交換できるような仕組みを用意した「ナップスター」に対しては、レコード会社だけでなく、有名ヘヴィメタルバンドも著作権侵害だとして訴訟を提起する事態になりました。

このように新しい技術が出現するなかで、それらに対応する形で著作権法の改正も進み、新しい制度が用意され、また判例や学説にも新しい考え方が現れてきました。

しかし、これらに際して行われてきた議論は、わかりやすさを優先し誤解を恐れずに言えば、たった1つの共通認識に基づいて行われています。それはすなわち、「著作権法は、文化や芸術の発展のために用意された仕組みだ」ということです。どのようにルールを定めれば、最も文化や芸術の進展に役立つかということが考えられてきているのです。

仮に、音楽家やレコード会社の利益に配慮せず、著作権法のルールを、利用者の利便性だけを考えて定めてしまえば、音楽家の収入は途絶え、音楽活動を続けられなくなる可能性もあります。音楽家のインセンティブを失わせ、いい音楽が生まれにくい環境をもたらします。いい音楽をつくっても、発表することをためらう音楽家も現れるかもしれません。これでは、文化・芸術の振興にはマイナスです。

他方で、音楽家やレコード会社の利益を重視するなら、たとえば、購入したCDを私的に楽しむために携帯用のプレイヤーにとり込む行為や、気に入った楽曲を私的に演奏する行為までも規制対象になるかもしれません。これでは、人々の音楽離れを招き、やはり文化・芸術の発展につながらないことになってしまいます。

このように対立する利害関係があるなか、著作権法は、権利

者の側と著作物を利用し楽しむ者の側の両者の利益、つまり「創作者の独占権」と「利用の便宜」のバランスをどのようなものにすれば、人類共通の財産である文化や芸術が最も発展するかを考えて制度をつくっているのです。

実際、著作権法第1条は、著作権法の目的について定め、「この法律は、著作物並びに実演、レコード、放送及び有線放送に関し著作者の権利及びこれに隣接する権利を定め、これらの文化的所産の公正な利用に留意しつつ、著作者等の権利の保護を図り、もつて文化の発展に寄与することを目的とする」と述べています。

著作権法のさまざまな取り決めには、とっつきにくく感じられるものもあるかもしれません。直感的にイメージしにくい概念や日常生活にはなじみのない制度が用意されているのも確かです。しかし、考え方の基本は1つです。

それは、「どのようにルールを定めれば、文化・芸術の発展に資することになるか」なのです。

これから本書で学んでいただくさまざまな仕組みは、このような「独占権の保護」と「利用のし易さ」のバランスの最適解と考えられているものに他なりません。

それでは、ご一緒に、著作権法の世界に出かけてみることにしましょう。

弁護士　宮本　督【監修】

これだけは知っておきたい「著作権」の基本と常識

目次

はじめに………3

著作権とは何か

1 **そもそも著作権とは？**………14
   著作権者に無断で著作物を利用することはできない

2 **著作権の保護期間は？**………18
   創作した時点から著作者の死後50年まで

3 **著作権が消滅しても使えない場合**………22
   著作者人格権、そのほかの知的財産権もある

4 **著作権にもいろいろある**………24
   財産権としての著作権と著作者人格権

5 **著作隣接権とは何か？**………28
   著作物を伝達する者に与えられる権利

6 **著作権の例外規定とは？**………32
   一定の場合には許諾なしに著作物が利用できる

7 **著作権を侵害するとどうなる**………36
   民事上の請求だけでなく刑事罰も

著作権 Q & A………40

インターネットに関連する著作権

1. **動画投稿サイトにアップできるもの、できないもの**………42
   自らの演奏、自分で制作した音源かどうか

2. **SNSで外部サイトにリンクを貼るのはOK？**………46
   インターネットはリンクでつながっている世界

3. **パクツイとリツイートの違いは？**………50
   もとの発言主が表示されるかどうか

4. **ブログに本のカバー写真を載せたい**………52
   ブログやホームページへの掲載は自動公衆送信

5. **動画投稿サイトの動画をブログに表示させたい**………56
   「埋め込みコード」を取得してブログに貼り付ける

6. **ネットオークションで写真を公開するのは？**………60
   「例外的な無断利用ができる場合」が認められた

7. **他人の文章のコピペは許されない**………62
   私的使用はOK、公表やネット共有は著作権侵害

8. **有名人を撮影してブログに載せたら？**………66
   肖像権、プライバシー権、パブリシティ権の問題

9. **ダウンロードの違法と合法の境界線は？**………70
   ダウンロードは合法、無断アップロードは違法

10. **無断で本をスキャンして電子書籍化してもいい？**………74
    自炊代行業者の行為は私的利用ではない

著作権Q＆A………78

第3章 仕事に関連する著作権の扱い

1 **社内報に新聞や雑誌の記事を転載するのは？** ……… 80
   社内報は一般の雑誌と同様に著作権が及ぶ

2 **地図はコピーしてみんなで使える？** ……… 84
   地図は情報の選択や表現法に創作性がある

3 **プロカメラマンに依頼した写真を流用したら？** ……… 86
   写真を撮影したカメラマンに著作権がある

4 **社内プレゼン資料に著作物を借用したい** ……… 90
   同業他社の広告写真は許諾なしで使用できる

5 **企画書に他社のキャラクターを使うのは？** ……… 92
   キャラクターは自由に使える

6 **国・官公庁の統計資料は自由に使える？** ……… 94
   5つの条件を満たせば自由に使える

7 **社内研修用にデータや記事を利用するときは？** ……… 96
   「教育目的の場合は著作物を自由に使える」は誤解

8 **社内で新聞記事を少部数コピーするときは？** ……… 98
   契約を結べば、ほとんどの新聞が複製できる

9 **買ったCDは店のBGMに自由に使っていい？** ……… 102
   無断でBGMとして流すのは演奏権の侵害にあたる

10 **音楽教室で楽曲を使用する際は？** ……… 104
   JASRACが著作権料を徴収する方針を決定

11 「商用」と「非商用」の違いは？………106
　　商用か非商用かで、許諾の要不要が分かれる

著作権 Q & A ………108

生活に身近な著作権

1　二次創作はどこまで許される？………110
　　「二次的著作物」と「二次創作物」は違うもの

2　たまたま写真に写り込んでいた著作物の扱いは？………114
　　「付随対象著作物」は侵害行為にあたらない

3　論文やレポートに関わる著作権………118
　　「引用」「盗作」「剽窃」「転載」の違い

4　バンドで他人の曲をライブ演奏するときは？………120
　　JASRACと契約しているライブハウスならOK

5　小説や楽曲と同じタイトルをつけてもいい？………122
　　小説や曲のタイトルは○、歌詞の掲載は×

6　絵本の読み聞かせに許諾はいらない？………124
　　「児童書四者懇談会」に関わる本かどうか

7　料理のレシピに著作権はある？………128
　　レシピはアイデアもしくはノウハウ

8 　趣味で撮った建物の写真をアップすると………132
　　　建築物の撮影に著作権上の問題はない

9 　ライブで撮影禁止はなぜ？　根拠は？………134
　　　法的根拠は会場の管理者としての管理権

10　地域コミュニティでカラオケ大会を開催するときは？………138
　　　条件をすべて満たした場合は利用許諾を得なくても OK

　　著作権 Q & A………140

第5章　アウトかセーフか？　著作権侵害

1 　文章の剽窃とオリジナルの境界線は？………142
　　　他人の意見を自分で考えたように書かない

2 　オマージュとパクリの境界線は？………146
　　　先行作品に対する尊敬や敬意があるか

3 　パロディとパクリの境界線は？………150
　　　著作権法上の定義はなくケースバイケースで判断

4 　偶然の一致と剽窃の境界線は？………152
　　　意図的な剽窃は「フリーライド（ただ乗り）」

5 　替え歌、アウトとセーフの境界線は？………156
　　　替え歌を公に発表する場合は許諾が必要

6 　ダンスを踊る場合、アウトとセーフの境界線は？………160
　　　創作的なダンスは著作物、著作権者は振付師

7 CDやDVDのコピー、アウトとセーフの境界線は？……164
著作権の例外規定「私的使用のための複製」

著作権Q＆A ……166

第6章 著作物を正しく利用する方法

1 「パブリックドメイン」と「フェアユース」……168
知的財産権の消滅と「公正な使用」

2 著作権があることを主張する方法……172
著作権を主張するとき、広く使ってもらいたいとき

3 新しい著作権ルール「CCライセンス」……176
インターネット時代のための新しい著作権ルール

4 CCライセンスで著作者の意思を表示する……178
4つのアイコンを組み合わせて意思を表示する

5 利用許諾を得たいのに権利者が不明の場合は？……182
著作権者の所在が不明の場合は「裁定制度」を利用する

6 著作権トラブルを解決する仕組みと手順……186
当事者同士の話し合いが不調のときは制度を活用する

索引……190

第1章 著作権とは何か

1 そもそも著作権とは？

著作権者に無断で著作物を利用することはできない

●作品をつくった人に与えられる権利

「著作権」とは、ひとことでいえば、「著作物と呼ばれる作品をつくった人に与えられる権利」のことです。英語ではcopyright（コピーライト）といいます。

作品をつくった人は「**著作権者**」となり、ほかの人は、原則として、著作権者の許可なくその作品（著作物）を利用することはできません。

無断で利用すると「**著作権侵害**」になり、その詳細は「**著作権法**」という法律に定められています。

著作物をつくった人には著作権があり、それは著作権法で守られているため、勝手に使うことはできないのです。

では、他者がつくった著作物を使いたいときには、どうすればいいのでしょうか。それを説明する前に、そもそも著作物とは何かを考えてみます。

というのも、著作物であれば著作権が発生するし、著作物でなければそもそも著作権は存在しないからです。そして、著作物と著作物ではないものの線引きは、意外に微妙なのです。

●著作権があるもの・ないもの

著作物と聞いて思い浮かべるものは何でしょうか。

まず、小説などの文学作品、作詞・作曲などの音楽、それから映画、美術……。まだまだあります。著作権法では、**著作物**の例として17ページの9つを挙げています。

著作権法の基本

著作権法ではこれらをまとめて、「思想または感情を創作的に表現したものであって、文芸、学術、美術または音楽の範囲に属するものをいう」とも定義しています。
　しかし、これだけで著作物とそうでないものをきっちりと分けられるということにはなりません。
　たとえば建築の著作物としては、高名な建築家が創造性を発揮して設計・建築したような芸術的建物は著作物となりますが、多少デザインが凝っていても建売り住宅のような実用本位の建物は著作物にはならないといわれています。そういった建築物が追求しているのは機能性であって、創作性ではないと考えられるからです。
　とはいえ、芸術性の高い建築物にも機能性や実用性はあるわけで、一概にここからここまでと明確に区分できるものでもありません。

●作者の個性が表れているか？
　実際、「創作的に表現したもの」という定義には、高度な芸術性といった価値判断はありません。作者の個性が表れていれば十分に創作的である、といえます。
　逆にいえば、ありふれた表現については、著作物としての保護は受けられないということです。
　客観的な事実・データそのものも著作物ではありません。ただし、ニュース記事全体は著作物です。
　つまり、ニュース記事を無断で利用すれば著作権侵害になり、ニュース記事から客観的な事実・データを抽出して利用した場合は、著作権侵害にはならないということです。

著作物とは？

> 思想または感情を創作的に表現したものであって、文芸、学術、美術または音楽の範囲に属するもの

①小説、脚本、論文、講演その他の言語の著作物

②音楽の著作物

③舞踊または無言劇の著作物

④絵画、版画、彫刻その他の美術の著作物

⑤建築の著作物

⑥地図または学術的な性質を有する図面、図表、模型その他の図形の著作物

⑦映画の著作物

⑧写真の著作物

⑨プログラムの著作物

作者の個性が表れている
=
著作物

ありふれた表現
=
著作物ではない

2 著作権の保護期間は？

創作した時点から著作者の死後50年まで

●日本では著作者の死後50年が原則

著作権には**保護期間**が定められていて、その期間が過ぎれば著作権は消滅します。保護期間の過ぎた著作物は社会の共有財産となり、基本的に、誰でも自由に使えるようになります。

では、保護期間はどのように定められているのでしょうか。

日本の著作権法では、原則として「**著作者が著作物を創作した時点から著作者の死後50年まで**」とされています。作品が誕生したときに始まり、その作者が死亡して50年経つと消滅するということです。

著作者がいつ死亡したのか不明な場合（無名や変名の場合）は、著作物の公表後50年となります。

また、法人など団体名義で公表された著作物の場合は公表後50年（創作後50年以内に公表されなければ、創作後50年）となっています。共同著作物の場合は、複数の著作者のなかで最後に亡くなった人の死亡から50年です。

上記のとおり、一般的な著作物の保護期間は著作者の死後50年までですが、**映画の著作物は公表後70年**です。創作後70年以内に公表されなければ、創作後70年です。

保護期間の計算は、複雑になるのを避けるため、著作者の死亡、著作物の公表・創作のいずれも、**その翌年の1月1日から起算**されます。

なお、保護期間中でも、その著作権者の相続人がいないときは、著作権は消滅します。

日本の著作権保護期間

一般的な著作物

著作者が著作物を創作した時点から著作者の死後50年まで

団体名義の著作物

公表後50年。創作後50年以内に公表されなければ、創作後50年

共同著作物

複数の著作者のなかで最後に亡くなった人の死亡から50年

映画

公表後70年。創作後70年以内に公表されなければ、創作後70年

●保護期間は国によってさまざま

著作権の保護期間は全世界共通ではありません。

日本と同じく、死後50年の国は、カナダ、ニュージーランド、中国など。死後70年の国は、米国、EU加盟国、トルコ、ブラジル、ロシアなどがあります。

ほかに、死後30年がイラン、死後60年がインド、死後80年がコロンビア、死後100年がメキシコなど、国によってさまざまなのです。

しかし、著作物は国境を越えて利用されます。その場合、国による保護期間の違いはどのように調整されるのでしょうか。

各国は、著作権保護に関する条約（「ベルヌ条約」「万国著作権条約」など）を結んで著作物を保護し合っています。

日本においても、条約加盟国を本国とする著作物の著作権の保護期間については、日本国内での利用については日本の著作権法が適用されますが、**その本国における保護期間のほうが短い場合は、短いほうの保護期間が適用**されます。

近年、日本でも欧米と同水準の70年に保護期間を延長すべきだという議論が活発で、その行方に注目が集まっています。

ちなみに、米国では1998年に制定された著作権延長法により、著作権の保護期間は原則「著作権者の死後70年」、法人著作の場合は「発行後95年間」または「制作後120年間」のいずれか短いほうとなりました。

この法改正はディズニーのロビー活動の成果ともいわれ、「ミッキーマウス保護法（延命法）」と揶揄されます（2023年まで延長）。これまでもミッキーマウスの著作権の保護期間切れが近づくたびに、延長となる法改正が繰り返されてきました。

第 1 章　著作権とは何か

海外の著作権保護期間

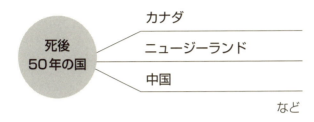

死後50年の国
- カナダ
- ニュージーランド
- 中国

など

死後70年の国
- 米国
- EU加盟国
- トルコ
- ブラジル
- ロシア

など

そのほか
- イランは死後30年
- インドは死後60年
- コロンビアは死後80年
- メキシコは死後100年

など

3 著作権が消滅しても使えない場合

著作者人格権、そのほかの知的財産権もある

●映画と映画音楽の著作権は別

　著作権の保護期間が過ぎて、その著作物の著作権が消滅したからといって、その作品を無条件で自由に利用できるかといえば、そうではない場合があります。

　たとえば、映画の著作権が消滅していても、映画のなかで使われている音楽の著作権が存在していることがあります。この場合、無断で映画を利用すると、音楽の著作権を侵害することになります。

　また著作権法では、著作者が死亡したあとも、著作者の「**著作者人格権**」を侵害する行為をしてはいけないと規定しています。「著作者人格権」とは、作品を公表する権利、著作者の氏名を表示する権利、勝手な改変を許さない同一性保持権などですが、こうした権利を侵害するような利用の仕方や、著作者の名誉を害するような利用の仕方は禁じられています。

　さらに、著作権が消滅していても別の「**知的財産権**」が存在している可能性もあります。

　知的財産権とは、広く知的活動から生まれる権利を総称するもので、**著作権**（著作物が対象）もその1つです。ほかに、**特許権**（発明）、**実用新案権**（考案）、**意匠権**（デザイン）、**商標権**（商品やサービスのマーク）などがあります。著作物を商標登録していれば商標権として、キャラクターの意匠登録を行っていれば意匠権として保護の対象になっていることがあるため、注意が必要なのです。

著作権以外の権利にも注意が必要

著作者人格権を侵害してはならない

著作者人格権

- 作品を公表する権利
- 著作者の氏名を表示する権利
- 勝手な改変を許さない同一性保持権

など

知的財産権を侵害してはならない

知的財産権

- 特許権（発明）
- 実用新案権（考案）
- 意匠権（デザイン）
- 商標権（商品やサービスのマーク）

など

4 著作権にもいろいろある

財産権としての著作権と著作者人格権

● 「財産権」としての著作権は12種類

　ひとくちに著作権といいますが、2つに分けられます。「財産権」としての著作権と「著作者人格権」です。

　財産権としての著作権には、次の12種類があります。

①複製権……著作物を複製する権利。

②上演権・演奏権……公衆に直接見せたり聞かせたりすることを目的として上演・演奏する権利。

③上映権……公衆が視聴できるようにスクリーンなどに映し出す権利。

④公衆送信権……公衆に向けて無線や有線放送、インターネットで送信する権利。

⑤公の伝達権……公衆送信された著作物をテレビなどの受信装置を使って公衆に視聴させる権利。

⑥口述権……言語の著作物を公に朗読、読み聞かせなどする権利。

⑦展示権……美術や未発表写真のオリジナルを展示して公に見せる権利。

⑧譲渡権……著作物やその複製を一般に販売・配布する権利。

⑨貸与権……レンタルビジネスなどで著作物を貸す権利。

⑩頒布権……映画の著作物を複製物により頒布する権利。

⑪翻訳権・翻案権……著作物を翻訳・翻案・変形する権利。

⑫二次的著作物の利用に関する権利……もともとの著作者が二次的著作物の著作者と同一内容の権利をもつ。

第1章 著作権とは何か

財産権としての著作権

複製権
複製はコピー、写真撮影、印刷、手書きで書き写すことも入る

上演権・演奏権
CDやDVDなどの再生や、ライブを離れた場所にあるディスプレイなどに写して見せることも含まれる

上映権
映画だけでなく、パワーポイントを使ったプレゼンなどインターネットの動画や静止画をディスプレイ上に映し出して見せることも含まれる

公衆送信権
ブログやメルマガ、メーリングリストでの送信も含まれる

公の伝達権

口述権

展示権

譲渡権
中古品の売買は該当しないが、海賊版は譲渡権の侵害にあたる

貸与権

頒布権

翻訳権・翻案権
原作をもとに二次的著作物を創作することも含まれる

二次的著作物の利用に関する権利
二次的著作物を利用する場合には、原作の著作権者の許諾も必要

著作権者はこれら12の権利を占有でき、第三者が許諾を得ずにこうした行為を行うと、著作権の侵害にあたります。

　なお、ここに出てくる「公衆」とは「不特定または特定多数」のことをいいます。「不特定多数」は、路上や誰でも自由に出入りできる場所にたまたま居合わせる人々です。１人でも不特定の公衆にあたります。「特定多数」は、友人・知人や学校の生徒など特定できる多数の人々。結婚式や学校内のイベントに複数（一般に50人以上）の人々がいれば、特定多数の公衆です。

　特定少数の場合は公衆にはあてはまりません。たとえば両親の前で子どもたちが歌を歌うというようなケースです。

● **「著作者人格権」は３種類**

「著作者人格権」には、次の３種類があります。
①公表権……著作物を公表するかどうかを決定する権利。
②氏名表示権……著作物を公表するときに、著作者名を表示するかしないか、本名とするかペンネームとするかなどを決定する権利。
③同一性保持権……著作物の内容や題名を意に反して改変されない権利。

　ただし、これら①②③を害しない行為であっても、著作者の名誉や声望を害する方法で著作物を利用する行為は、著作者人格権の侵害とみなされます(**名誉声望保持権**)。

　著作者人格権は、財産権としての著作権とは異なり、第三者に譲渡できない**著作者固有の権利**です。そのため、著作者が死亡すると著作者人格権は消滅しますが、それでも著作者人格権を侵害する行為は許されません。

著作者人格権とは

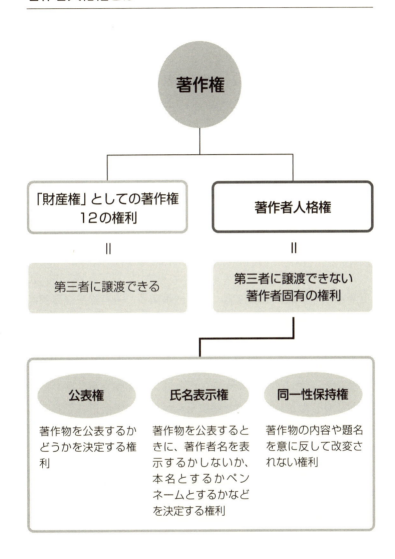

5 著作隣接権とは何か？

著作物を伝達する者に与えられる権利

●俳優、歌手、演奏家などに認められる権利

著作権は著作物をつくった人に与えられる権利ですが、著作物に関連して「**著作隣接権**」というものがあり、これは著作者ではなく、**著作物を伝達する者に与えられる権利**です。

たとえば、歌をつくるのは作詞家や作曲家で、その歌の著作権は彼らに与えられますが、その歌が広がっていくうえでは、歌手の存在が欠かせません。歌手は著作物を伝達するうえで、重要な役割を果たしています。そんな者に認められた権利が著作隣接権です。

著作隣接権が認められている「著作物を伝達する者」は、①**実演家、②レコード製作者、③放送事業者、④有線放送事業者**の4者です。

このうち、「実演家」には、俳優や歌手、演奏家、舞踏家、奇術師、演出家などがあてはまります。

たとえばマジックやサーカスなどは、著作物を演じるわけではありませんが、芸能的な価値をもつものは実演に含まれるとされています。

実演家はその実演について、さまざまな権利をもちます。

まず「**実演家人格権**」として、①氏名表示権（名前の表示を求める、または表示しないことを求める権利）と②同一性保持権（実演家の名誉を害する変更や改変をされない権利）の2つがあります。

実演家は、次の5つの財産権ももちます。

著作隣接権とは

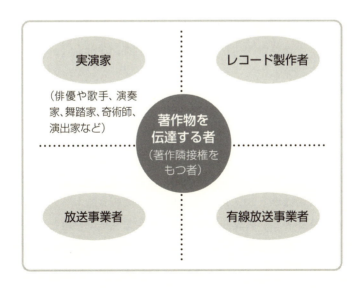

①録音・録画権……実演家の許諾なく録音・録画されない権利
②放送権・有線放送権……実演家の許諾なく無断で放送されない権利
③送信可能化権……実演家の許諾なくサーバ等の自動公衆送信装置に蓄積・入力することによってアクセスがあり次第送信できる状態にされない権利
④譲渡権……実演家の許諾なしに実演を録音や録画して公衆に提供されない権利
⑤貸与権……実演家の許諾なしにその実演を録音した商業用レコードを公衆に貸与されない権利（１年間は許諾権、残りの49年は報酬請求権になる）

さらに「報酬請求権」として、市販用ＣＤなどを放送等で使用するなどの二次使用料を請求する権利、ＣＤ等のレンタル使用料を請求する権利などを有します。

●レコード製作者は原盤をつくった者

レコード製作者は、レコード会社や音楽出版社など、ある音を最初に固定したレコード（ＣＤ、テープ、パソコンのハードディスクなども含む）をつくった者をいいます。いわゆる「原盤」をつくった者です。この原盤を複製して市販されているＣＤなどが商業用レコードです。

レコード製作者には人格権はなく、著作隣接権として、①複製権、②送信可能化権、③譲渡権、④貸与権、そして二次使用料を受ける権利、レンタル使用料を受ける権利をもちます。

放送事業者と有線放送事業者は、ともに**著作隣接権**として①複製権、②再放送権・有線放送権、テレビジョン放送の伝達権をもちます。

第1章 著作権とは何か

著作物を伝達する者がもつ権利

6 著作権の例外規定とは？

一定の場合には許諾なしに著作物が利用できる

●私的使用のための複製は許される

著作権は著作者を保護する制度です。著作者は、自分の作品が無断利用されず、許諾した利用から正当な対価が得られることで、さらに創作を生み出す環境が整います。このように、著作権は広く文化・学術の発展に寄与する仕組みなのです。

しかし、どんな場合にも著作権者の許諾が必要だとなると、現実的にさまざまな不都合が生じます。情報を社会的に共有することによって実現する公共の福祉や利用者の他の権利と競合する問題もあります。結果として、著作物の利用が妨げられると、社会的に大きな損失となってしまいます。

そこで著作権法では、「**一定の場合には著作権者の許諾なしに著作物が利用できる**」と定めて、著作権者の権利を制限しています。これが「**著作権の例外規定**」です。

この例外規定は非常に数が多いので、個別具体例のなかで触れていきます。ここでは概要を述べておきましょう。

まず、例外規定として代表的なものは「**私的使用のための複製**」です。個人で、家庭内などの限られた範囲で使用する場合は、許諾なしに複製できるというものです。たとえば、自分のもっている本の一部を本人がコピーして使うのはOKです。ラジオ番組で放送された曲を自分で楽しむために録音することもできます。

ここで、注意しなければならないのは、あくまで自分が私的に（家庭内などの限られた範囲で）使用するという条件です。

第1章　著作権とは何か

「著作権」と「著作権の例外規定」

また、私的使用目的の複製であっても、コピーガードなどの複製防止（制限）措置が施されている著作物について、これを解除して（または解除されていることを知りながら）複製することは著作権侵害となります。

　たとえばレンタルDVDは通常、複製防止（制限）措置が施されていますが、これを解除してダビングする行為は違法です。一方、レンタルＣＤにはそういう措置が施されていないので、個人使用の目的でコピーする限りは違法になりません。

●学校教育を目的とする場合も可能

　自分で鑑賞するためにインターネット上の画像をパソコンにダウンロードして、ハードディスクに保存することも私的使用のための複製の範囲内ですが、違法アップロードと知りながら個人的に使用する目的で音楽や映像をダウンロードする行為（デジタル方式による録音・録画）は違法です。

　ほかに、自分の著作物に他人の著作物の一部を引いて紹介する「引用」も、一定の条件（後述）を満たせば、著作権者の許諾なしに使用できます。

　また、学校教育を目的とする場合も、一定の条件下で許諾なしの使用が可能です。ただし、ここでいう学校は、文部科学省が教育機関として定める学校、およびこれに準じる学校です。営利目的の予備校、私塾、カルチャースクール、営利企業の社員研修などは含まれません。

　そのほか、視覚障害者のための複製、聴覚障害者のための自動公衆送信、営利を目的としない上演など、時事問題に関する論説の転載、時事の事件の報道のための利用、裁判手続きにおける複製など、多くの例外規定が定められています。

第1章 著作権とは何か

さまざまな「著作権の例外規定」

私的使用のための複製

個人で、家庭内などで
使用する場合は、
許諾なしに複製できる

- もっている本の一部を本人がコピーして使う
- ラジオ番組で放送された曲を自分で楽しむために録音する
- ネット上の画像をパソコンにダウンロードする

引用

自分の著作物に他人の著作物の
一部を引いて紹介する

学校教育を目的とする場合

一定の条件下で許諾なしの
使用が可能

視覚障害者のための複製

聴覚障害者のための自動公衆送信

営利を目的としない上演

時事問題に関する論説の転載

時事の事件の報道のための利用

裁判手続きにおける複製

その他

7 著作権を侵害するとどうなる

民事上の請求だけでなく刑事罰も

●損害賠償を要求されることも

近年はインターネットの急速な発展によって、日々、膨大な情報が流通するようになりました。

パソコンやタブレット、スマートフォン（スマホ）などを使用すれば、さまざまな情報にアクセスでき、コピー＆ペースト（コピペ）も瞬時にできます。他人の情報を自分のデジタル機器に保存するのも、それをネット上に発信するのも、簡単な操作でできるようになりました。

しかし、軽い気持ちで他人の著作物やその一部を利用して、自分のものとして発信したら——それは誰かの著作権を侵害しているかもしれません。

では、著作権を侵害するとどうなるのでしょうか。

一般的には、まず、著作権者から「あなたは著作権侵害をしている」というクレームが入ります。そこで、あなたが著作権侵害を認めるのなら、その経緯を説明したうえで謝罪し、著作権を侵害している状態を解消するでしょう。その対応を著作権者が理解し、納得すれば、話はそこで終わりです。

しかし、著作権者が被害を請求してくる可能性もあります。**民事上の賠償請求**です。請求できるのは、**①使用の差し止め請求、②損害賠償の請求、③名誉回復等の措置の請求**です。

この場合、損害賠償額の適否が大きな問題になります。他の請求も合わせて話し合いで合意すれば、示談が成立し、合意できなければ調停や裁判へと舞台を移しての争いになります。

著作権侵害の2つのパターン

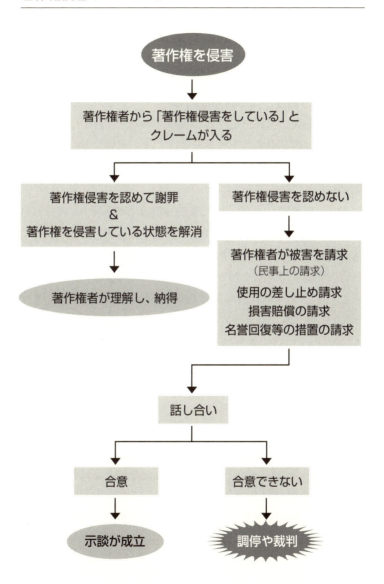

あなたが著作権侵害を認めない場合（著作権を侵害していないと主張する場合）も、相手が納得しなければ司法で争うことになります。この場合は、著作権者側が著作権侵害を立証する必要があります。

● **刑事上の責任が問われることも**

著作権侵害の責任としては、民事上の請求だけでなく、**刑事上の責任**が問われることもあります。その侵害に対して刑事告訴が行われ、罪が認められると、刑事罰を受けることになるのです。

通常、著作権法で科せられる刑事罰は「**親告罪**」と呼ばれるもので、著作権を侵害された著作権者（被害者）が捜査機関に対して犯罪を申告し、処罰を求めることが必要とされます。捜査機関が単独で逮捕や捜査を進めることはできないのです。

ただし、著作権侵害の非親告罪化を進める動きもあります（TPPの交渉下では一時、非親告罪化で合意されたといわれています）。今後、変更になる可能性は否定できません。

こうして、裁判の結果、罪が確定すると、懲役刑もしくは罰金刑（または両方）を受けることになります。こうなると、結果はきわめて重大です。

刑事告訴は、民事上の請求とはまったく別の手続きとして、独立して行われます。

侵害する側は軽い気持ちで行っても、された側は自分の作品が勝手に使われたということで感情的に許せない気持ちになり、トラブルが深刻化するケースも少なくありません。

第1章 著作権とは何か

刑事上の責任が問われるケース

著作権法で科せられる刑事罰

親告罪

（捜査機関が単独で逮捕や捜査を進めることはできない）

著作権を侵害された著作権者（被害者）が
捜査機関に対して犯罪を申告し、処罰を求める

↓

裁判

↓

罪が確定

懲役刑もしくは罰金刑（または両方）を受ける

著作権 Q&A

Q 書体（フォント）にも著作権があるというのは本当ですか？

A 一般的なデザインの書体（フォント）そのものは著作物ではありません。作者の個性が表れていると見ることはできないからです。ただ、従来の印刷用書体とは違う顕著な特徴をもつ独創性があって、それ自体が美的鑑賞の対象となるようなものは美術の著作物と認められる可能性があります。

Q Wikipediaの文章をコピペして雑誌や書籍などに掲載するのは著作権法違反ですか？

A ウィキペディアは「フリー百科事典」です。無料で読めて、誰でも編集に参加できるのが特徴です。その文章は、クリエイティブ・コモンズの表示・継承ライセンス（「CC-BY-SA 3.0」）の条件のもとで、二次利用することができると定められています。「表示」は著作者へ著作権が帰属する旨表示すること、ライセンスの利用許諾条項の全文写しの添付またはリンクの提供、改変した場合に改変内容の明示、「継承」は、その作品を利用して自分が制作した二次著作物も、同等のライセンスの下に提供することという意味です。このような「表示」「継承」の条件を守れば、営利目的利用や改変・翻案も可能。すなわち、コピペして雑誌や書籍などに掲載することも問題ありません。

Q アスキーアートに著作権はありますか？

A 単純な顔文字には著作権は認められないとする見方が有力ですが、凝ったアスキーアートには創作性があり、著作権が認められる可能性が高いといわれています。ただし、とくに匿名掲示板で公表されるアスキーアートについては、現実問題として、作者の自作であることを証明することが難しく、著作権の主張は困難なことが多いと思われます。一方、アスキーアートの元になったキャラクターなどがある場合は、アスキーアートは二次的著作物となり、無断複製は原著作者の権利侵害となる場合があるので要注意です。

第2章 インターネットに関連する著作権

1 動画投稿サイトにアップできるもの、できないもの

自らの演奏、自分で制作した音源かどうか

●人の曲でも自分が歌っていればOK

　最近、YouTubeやニコニコ動画に代表されるような**動画投稿（共有）サイトで、一般の人がヒット曲を歌ったり演奏したりしている動画**をよく見かけます。これは勝手に人の歌を歌って不特定に向けて公開しているように見えますが、著作権法上の問題はないのでしょうか。

　結論をいえば、問題ないものもあれば問題あるものもある、ということになります。具体的に見ていきましょう。

　JASRAC（ジャスラック）という名称はご存じかと思います。

　JASRAC（＝日本音楽著作権協会）は、日本の音楽著作権の集中管理事業を行っている社団法人です。

　音楽（楽曲、歌詞）の著作権者である作詞者・作曲者・音楽出版者から委託されて、音楽の利用者に対する利用許諾（ライセンス）、利用料の徴収と権利者への分配、著作権侵害監視、著作権侵害者に対する法的責任追及を行っています。

　日本の音楽の著作権のほとんどはこのJASRACが集中管理していて、多くの動画投稿（共有）サイトは、JASRACと許諾契約を締結しています。つまり、JASRAC管理楽曲を含む動画の配信利用については、サイトを運営している事業者側で許諾契約手続きを行う仕組みになっているのです。

　したがって、**JASRAC管理楽曲を自分で歌ったり演奏したりしている動画を、JASRACと許諾契約を締結している投稿サイトにアップロードする場合は、著作権侵害とはなりません。**

第2章 インターネットに関連する著作権

JASRACとは？

JASRAC
（日本音楽著作権協会）

日本の音楽著作権の集中管理事業を行っている社団法人

作詞者・作曲者
音楽出版者

委託 →

JASRAC

音楽の利用者に対する利用許諾
利用料の徴収と権利者への分配
著作権侵害の監視
著作権侵害者に対する法的責任の追及

日本の音楽の著作権のほとんどは
JASRACが集中管理

JASRAC管理楽曲でない場合には、アップロードする側（投稿者）が、著作権者から個別に利用許諾を得る必要があり、無断でアップロードすれば著作権侵害になります。

　ただし、JASRAC管理楽曲であっても、CDや有料配信サイトで購入した音源などの演奏をバックに歌うのはNGです。この場合、音源制作者の許諾が必要です（音源制作者に著作隣接権があるからです）。問題がないのは、自らの演奏、または自分で制作した音源に限られます。

●著作権侵害の場合はアカウントの停止も

「自らの演奏、または自分で制作した音源」であることに加えて、次の条件もあります。動画の内容が特定の企業や商品、サービスを宣伝するものではないこと、アップロードするのは個人であること、企業や団体であれば使用する楽曲が内国曲であること、などです。

　このような条件を満たせば、自由に他人の曲を歌って（演奏して）気軽にアップロードできるため、動画投稿（共有）サイトへのアップロードは非常に敷居の低いものになっていますが、基本的には他人の著作物をアップロードする場合、**著作権者から個別に利用許諾を得ることが原則であることを忘れてはいけません。**

　著作権侵害の場合、アップロードした動画が削除されるだけではなく、アカウント停止や著作権者からの損害賠償請求が行われることもあるので注意が必要です。

　なお、JASRACのホームページでは、管理楽曲が調べられる作品データベース検索サービスを用意しています。

第2章　インターネットに関連する著作権

動画投稿サイトはJASRACと契約

JASRAC管理楽曲を歌ったり
演奏したりしている動画をアップ

JASRAC管理楽曲でも、
無断でCDなどの音源を使ってアップ

2 SNSで外部サイトにリンクを貼るのはOK？

インターネットはリンクでつながっている世界

●リンクを貼るのは問題ない

　近年はFacebookやTwitterなどのSNS（ソーシャル・ネットワーキング・サービス）を使う人が増えていますが、知らないうちに著作権を侵害しているケースも少なくありません。いくつかのケースを見てみましょう。

　たとえば、Facebookにはシェア（共有）という機能があります。誰かの投稿をシェアすると、その投稿が自分のウォールに表示されて、自分の「友達」にも広く伝えることができます。それぞれの投稿をシェアし合うときは、著作権の侵害という話になることはまずありません。

　ところが、Facebookの外のWebサイトをシェアするとどうでしょうか。

　実際にやってみると、シェアした外部サイトのタイトル、画像、概要が表示されます。これが著作権侵害にあたるのではないか、と心配する声があります。

　この点は、WebサイトにおいてもSNSにおいても、他のWebサイトへのURLリンクを貼ることは、原則として何の問題もありません。

　URLリンクというのは、画面上の一定の場所の文字やURL、バナーなどをクリックすると、そのリンク先のページに自動的に移動するという仕組みです。

　リンクを貼ることは、著作物の複製ではないので、著作権侵害にはあたらないのです。

第2章 インターネットに関連する著作権

Facebook上のリンクやシェア

Facebookのシェア（共有）機能

誰かの投稿をシェア
↓
その投稿が自分のウォールに表示されて自分の「友達」にも広く伝えることができる

Facebookの外のWebサイトをシェア
＝
他のWebサイトへのURLリンクを貼る
↓
シェアした外部サイトのタイトル、画像、概要が表示される

> WebサイトにおいてもSNSにおいても他のWebサイトへのURLリンクを貼ることは原則として何の問題もない

Facebookで外部Webサイトをシェアすることは、URLリンクをシェアすることになります。表示される画像は縮小され、概要は本文の一部なので、リンク先サイトへの誘導以上の意味はもたないでしょう。

●文章や画像などの直接コピーはダメ

　Twitterや自分のホームページでも、他サイトへのリンクを貼ることは問題ありません。相手先から承諾を得る必要はないのです。基本的にインターネットはそのようにしてつながっている世界ですから。

　なかには「無断リンク禁止」をうたっているWebサイトもありますが、法的な根拠はありません。それを根拠に著作権侵害や損害賠償請求を問うのは難しいと考えられます。

　ただこの場合は、個人的な要望にせよ、無断リンクを歓迎していない意思表明をしていることは確かなので、どうしてもリンクしたい場合は許可を得たほうが、お互い気分を害さず、いいかもしれません。

　注意したいのは、リンクを貼るのではなく、そのWebサイトから文章や画像などを直接コピーして、自分のSNSに投稿したり、ホームページに掲載したりする行為です。

　これは明らかに著作権侵害になります。結果的に似たような見え方になったとしても、リンクとはまったく異なる結果（著作権侵害）になりますので気をつけましょう。また、他サイトの画像などのメディアファイルのURLを参照し、直接表示するような形でリンクを張る行為は「直リン」と呼ばれ、マナー違反とされています。

第2章 インターネットに関連する著作権

Twitterやホームページでは？

Twitterや自分のホームページでも他サイトへのリンクを貼ることは問題ない

「無断リンク禁止」に法的な根拠はない

そのWebサイトから文章や画像などを直接コピーして、自分のSNSに投稿したり、ホームページに掲載したりするのは著作権侵害

パクツイとリツイートの違いは？

もとの発言主が表示されるかどうか

●パクツイは権利を侵害している

　Twitterは、原則140文字の短文を投稿するSNSです。その短文をツイート（つぶやき）といいますが、他人のツイートを盗んでツイートすることを「パクツイ」と呼んでいます。「パクる」と「ツイート」を合成した造語です。

　たった140字ほどの短文ですが、ものによっては笑えたり、驚かされたり、気がきいていたり、感心するものも少なくありません。だからといって、それを丸ごとコピーして、さも自分で考えたもののようにして投稿するのはどうでしょうか。

　これは著作権侵害の疑いが濃厚です。**ツイート程度の長さの文章であっても創作性があれば著作物として認められます**から、パクツイは、他人の著作物について、複製権や公衆送信権、氏名表示権などを侵害していることになります。

　では、リツイートはどうでしょうか。

　リツイートとは他人のツイートを自分の手によってもう一度投稿することです。Facebookのシェアと少し似ていますが、自分のフォロワーに知ってほしい他人のツイートをシェアする意味で投稿するのです。パクツイとの違いは、それがリツイートであることが明確に示されること、もとの発言主（最初にツイートしたアカウント）が表示されることです。

　リツイートは、TwitterというSNSに本来的に備わった機能の1つであることから、ツイートした人はリツイートについては許諾しているとみなされるでしょう。

第2章 インターネットに関連する著作権

パクツイは×、リツイートは○

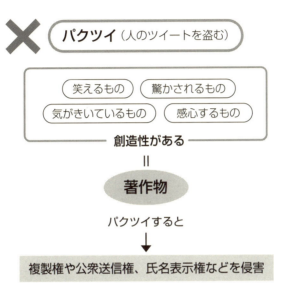

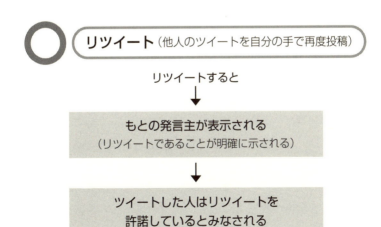

4 ブログに本のカバー写真を載せたい

ブログやホームページへの掲載は自動公衆送信

●原則は著作権者の許諾が必要

　自分のブログやホームページに、雑誌や書籍のページや表紙、カバーの写真などを掲載したい場合はどうすればいいでしょうか。たとえば、**書籍の感想や紹介記事を書いて、その本のカバー写真を掲載するのはどうでしょう。**

　これを考えるにあたって、まず、ブログやホームページに掲載するとはどのようなことかをみていきましょう。

　これは、ブログやホームページのデータが保存されているサーバに、掲載する記事のページや写真を保存するということになります。そして、そのブログやホームページにアクセスした人は誰でもその記事のページや写真を見ることができる状態にすることになります。

　さらに、見ようとする人からのアクセス要求に対して、自動的に記事のページや写真を送信することになります。

　つまり、ブログやホームページに掲載するときには、書籍や雑誌の記事のページや表紙写真などといった著作物を、送信可能な状態にして自動公衆送信していることになります。

　公衆送信権は、著作権者が独占的に有しているため、これを行う際には、著作権者の許諾を得ないと、著作権の侵害になります。

　マンガのページの一部分を掲載するのも、雑誌や新聞の記事のページを画像で掲載するのも、書籍のカバーの写真を掲載するのも、いずれも同じ構造です。

ブログやホームページに掲載する仕組み

```
┌─────────────────────────────────┐
│   ブログやホームページに掲載する    │
└─────────────────────────────────┘
              ↓
┌─────────────────────────────────────────────────┐
│ ブログやホームページのデータが保存されているサーバに │
│      掲載する記事のページや写真を保存する         │
└─────────────────────────────────────────────────┘
              ↓
┌─────────────────────────────────────────────────┐
│ そのブログやホームページにアクセスした人は誰でも    │
│ その記事のページや写真を見ることができる状態になる  │
└─────────────────────────────────────────────────┘
              ↓
┌─────────────────────────────────────────────────┐
│    見ようとする人からのアクセス要求に対して        │
│     自動的に記事のページや写真を送信する          │
└─────────────────────────────────────────────────┘
              ‖
┌─────────────────────────────────────────────────┐
│ 書籍や雑誌の記事のページや表紙写真などといった著作物を │
│   送信可能な状態にして自動公衆送信している         │
└─────────────────────────────────────────────────┘
              ↓
┌─────────────────────────────────────────────────┐
│  公衆送信権は、著作権者が独占的に有しているため、   │
│  著作権者の許諾を得ないと著作権の侵害になる        │
└─────────────────────────────────────────────────┘
```

書籍の表紙（カバー）の場合は、著者ではなくカバーの著作権者（デザイナーもしくはイラストレーター）から許諾を得る必要があります。出版社が表紙の著作権者から著作権を譲渡されている場合は出版社から許諾を得ます。

●**著作権者は暗黙の許諾を行っている**

　しかし、たとえば書評や書籍の紹介記事をブログやホームページに書くときに、書籍のカバー写真を無断で掲載したからといって、出版社からクレームがつくことは通常ありません。

　CDやDVDなどのジャケット、ゲームのパッケージなども同様です。

　著作権法上では、それぞれ著作権者の許諾を得なければブログやホームページには掲載できませんが、実際には販売促進の一環となるとも考えられるので、あえて権利行使することを差し控えているというのが実際のところです。

　とはいえ、一方的に批判的な紹介記事を書かれると、出版社にとっては不利益になりますから、「著作権侵害なので掲載しないでほしい」とクレームがつく可能性はあります。

　また、書籍や雑誌、新聞の文章や記事の掲載は、ややハードルが上がります。カバーやジャケット、パッケージは商品の外形という側面がありますが、文章や記事はその内容だからです。

　後述する「引用」の要件を満たしていれば許諾の必要はありませんが（82ページ参照）、原則としては、許諾を得ないまま掲載すれば著作権侵害の可能性が高くなります。

第2章 インターネットに関連する著作権

カバーやジャケ写の掲載は販売促進の一環

  書籍のカバー写真、CDやDVDなどのジャケット写真など

販売促進の一環となるので、あえて権利行使はしない

  書籍や雑誌／新聞の文章や記事

文章や記事はその内容なので、無断掲載は著作権侵害になる

5 動画投稿サイトの動画をブログに表示させたい

「埋め込みコード」を取得してブログに貼り付ける

● 「埋め込みコード」を使う

　YouTubeやニコニコ動画などの動画投稿（共有）サイトの動画を、自分のブログで表示させたい——これは一定の方法によって行えば問題ありません。

　YouTube動画であれば、「共有」から「埋め込みコード」を取得して、それをブログに貼り付けるという方法です。埋め込みコードとは、動画をサイトに公開するのに必要となるスクリプトタグのことで、動画プレイヤーとプレイリストなどから構成されています。

　YouTubeの利用規約には、次のようにあります。

「（ユーザーは）本サービスまたは本コンテンツのいかなる部分をもいかなる媒体によっても配布しないことに合意します。ただし、YouTubeが、かかる配布を可能にする本サービスの機能（Embeddable Player等）を提供している場合は除きます」

　この「配布を可能にする機能」が、埋め込みコードの提供なのです。

　ですから、YouTubeにアップされた動画を、何らかの方法でダウンロードしてブログに掲載することは禁止されていますが、埋め込みコードを利用すれば、簡単に自分のブログで動画を表示させることができます。

　これも、情報を多くの人々とシェアするというインターネットの基本思想に基づいた仕組みの1つです。

第2章 インターネットに関連する著作権

他人がアップした動画を表示するとき

●違法コンテンツを埋め込むのはダメ

また、自分の投稿した動画をYouTube以外の他人のブログに表示されたくないというユーザーに対しては、投稿した動画に対して「埋め込みを許可」するかどうかをユーザー側で選択できるようになっています。

投稿者はシェアされたくない動画に関して意思表示することができるわけです。

ただし、**著作権を侵害して違法にアップロードされた動画を、それと知りながら自分のブログに埋め込むことはアウト**です。

現在も、著作権を侵害した違法コンテンツ——たとえば市販のアニメ、映画、音楽などの作品や、テレビ番組を撮影しているような動画がしばしば投稿されています。

これらの動画は、著作権者の申し立てがあり次第、削除されることになっていますが、違法状態のまま閲覧可能になっていることも少なくありません。この場合でも、埋め込み機能は使うことができますが、動画自体が違法コンテンツなので、それと知りながらブログに埋め込むのは同じく著作権侵害行為となります。

また、音楽PV（プロモーションビデオ）の動画をブログに埋め込みたい場合は、JASRACの管理楽曲については原則として許諾が必要です。動画へのリンクを貼るだけなら許諾不要でも、埋め込みの場合は許諾が必要です。

ただし、公式チャンネルで提供されているオフィシャル動画であれば、外部サイトへの貼り付けを想定した規約になっていることが多いので、その場合は埋め込みが可能です。

第2章 インターネットに関連する著作権

違法コンテンツに注意

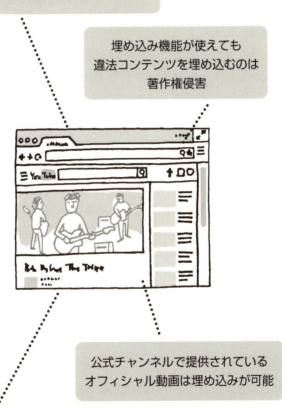

違法にアップロードされた動画を
ブログに埋め込むのはアウト

埋め込み機能が使えても
違法コンテンツを埋め込むのは
著作権侵害

公式チャンネルで提供されている
オフィシャル動画は埋め込みが可能

音楽ＰＶの動画をブログに埋め込みたい場合
JASRACの管理楽曲については原則として許諾が必要

6 ネットオークションで写真を公開するのは？

「例外的な無断利用ができる場合」が認められた

● 3万画素程度の写真ならOK

　ネットオークションに出品する際には、出品物の写真を掲載します。写真で入札者の目をひいて、高く売ろうと考えるからですが、写真の掲載は問題ないのでしょうか。

　まず、**出品物が著作物ではない場合（家具や電化製品、食器、スポーツ用品や衣類などの実用品）は問題ありません**。自由に撮影して、その画像をアップロードできます。ただし、他人が撮影した画像を無断で使うのは、画像に対する著作権の侵害になります。

　では、絵画などの美術品はどうでしょうか。これらは著作物ですから、著作権の複製権と公衆送信権に関わってきます。出品する絵画を撮影して掲載することはアウトでしょうか。

　以前は著作権侵害でしたが、2010年の著作権法改正により「例外的な無断利用ができる場合」として、絵画などの美術の著作物と写真の著作物に限り、オークションに出品する際に撮影してインターネット上に掲載することが認められました。

　ただし、「著作権者の利益を不当に害さないような策を講じること」が求められます。具体的には、画像の解像度によって対応します。著作権法施行令と施行規則には「著作権保護対策を講じない場合には3万2400以下の画素数、あるいは元の著作物の大きさや取引の事情に応じて必要最低限度かつ公正な慣行に反さないもの」とされています。つまり、**必要最小限の低解像度とサイズで、その目安は約3万画素**ということです。

第2章 インターネットに関連する著作権

著作物か、著作物でないか

出品物が著作物ではない場合

自由に撮影して画像をアップロードできる

著作物（絵画などの美術品）の場合

約3万画素以下の解像度であれば画像をアップロードできる

7 他人の文章のコピペは許されない

私的使用はOK、公表やネット共有は著作権侵害

●公表や共有は著作権の侵害

インターネットでは文章のコピー&ペースト（コピペ）が横行しています。

パソコンの簡単な操作で他人の書いた文章をそのまま引き写せることから、ついつい気軽にやってしまう行為ですが、これを著作権の観点からみるとどうでしょうか。

文章は基本的に著作物ですから、著作権者に無断で利用することは許されません。複写もダメです。しかし、私的使用の範囲内であれば、著作権法の例外規定により、自由に利用できます。複写も問題ありません。

私的使用であれば、パソコンのハードディスクに記録することも、それをプリントアウトすることも、EvernoteやMicrosoft OneNote、Google KeepなどのようにWeb上のサーバに情報を蓄積するサービスへアップロードすることも可能です。

ただし、そのコピペした文章を、**著作権者に無断で他人の目に触れるように公表したり、Webサービスで共有したりすると、著作権の侵害になります。**

他人の書いた文章を丸ごとコピペして、**あたかも自分が書いたかのようにしてブログやホームページで発表することはもちろん、たとえその文章が一部であったとしても、またはさまざまな文章を組み合わせてつぎはぎしたとしても、著作権の侵害になることには変わりありません。**

第 2 章　インターネットに関連する著作権

私的使用と公表・共有の違い

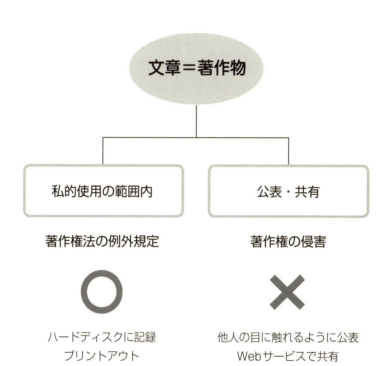

●出所を明記しても「無断転載」

　最近では、個人のブログやホームページだけでなく、商用サイトでもこうした盗用が行われているとして問題になっていますが、商用サイトの場合は、民事上の損害賠償請求など、より厳しい追及が行われる可能性が高くなります。

　個人サイトであっても、著作権の侵害になります。とくに商品購入への誘導やクリック数によって広告報酬を得るアフィリエイトで収入を得ている場合は、商用サイトに準ずるものとして厳しく追及される可能性もあるため、注意が必要です。

　つまり、他人の書いた文章をコピペして掲載するためには、その長短にかかわらず(ごくありきたりな一文などは除きます)それを書いた人の許諾を得なければなりません。

　許諾を得なければ、たとえ出所を明記したとしても「無断転載」となり、著作権侵害となります。

　例外は、その文を書いた人が、あらかじめ誰でも自由に利用することを許可している場合です。しかし、その場合も著作権そのものが消滅するわけではありませんから、改変はしない（同一性保持権）、出所を明記する（氏名表示権）などの条件に従わなければなりません。

　また、「引用」の場合は、著作権者の許諾を得ずに自分の文章のなかで使うことが可能ですが、「引用」となるためには、いくつかの条件を満たす必要があります。引用については82ページであらためて解説します。

第2章 インターネットに関連する著作権

個人のブログか、商用サイトか？

例外

文を書いた人が誰でも自由に利用することを許可している場合、「引用」の場合は、著作権者の許諾を得ずに使うことが可能

有名人を撮影してブログに載せたら？

肖像権、プライバシー権、パブリシティ権の問題

●公人・有名人は肖像権が認められにくい

たまたま街を歩いていたら有名な芸能人の姿を見かけたので、スマホで撮影し、それを自慢したくて画像を自分のブログに掲載しました。これは何か問題があるでしょうか。

結論からいえば、著作権上の問題はありません。その写真の著作権者は撮影したあなたです（もし、ほかの人がその画像をコピーして勝手に使ったら、それはあなたがもつ著作権を侵害することになります）。

では、撮影された芸能人には何の権利もないのでしょうか。本人は「**肖像権**」という権利をもっています。肖像権とは、人がみだりに自分の容貌を撮影されたり、公表されたりしない権利のことです。肖像権の侵害は民法上の不法行為にあたり、損害賠償責任を負うこともあります。この肖像権は有名人に限らず、あらゆる人に存在します。

したがって、街で見かけた芸能人の写真をブログに掲載する行為は、著作権法上は問題がないとしても、肖像権の侵害として違法になります。

実際には、人気商売の芸能人が、一般人に対して、肖像権の侵害を主張して掲載の差止めや損害賠償の請求をすることはないでしょうが、このような行為は、マナー違反というだけでなく、違法行為だということを認識しておく必要があります。

大通りなどの街なかで普段の様子を撮影した写真を自分のブログやSNSで公表しても、肖像権侵害で訴えられることには

ブログに載せると肖像権の侵害になる

著作権法上は問題ないが、肖像権の侵害

人気商売の芸能人が、一般人に対して、
肖像権の侵害を主張して掲載の差止めや
損害賠償の請求をすることはないが、
マナー違反というだけでなく、違法行為

ならないでしょうが、マナーとしてどうなのか、SNSでファンから抗議されないか、といった問題は残ります。

● **プライバシー権やパブリシティ権に関わる**

一方、たとえば人目につかない場所で、恋人と密かに会っているところを撮影したということになると、「プライバシー権」に関わってきます。芸能人であっても他人に知られたくないプライバシーはありますし、それを暴けば、**プライバシー権の侵害**となります。

では、週刊誌などのゴシップ記事はどうなの？ という疑問がわいてきます。

この場合、「報道する自由＝表現の受け手の自由（知る権利）」と、プライバシー権がぶつかります。一般的には、その報道が公共の利害にかかわる事実であるかがメルクマールになります。

したがって、週刊誌等の芸能人のゴシップ報道は、もし芸能人が裁判を起こせば、芸能人側が勝訴するようなものがほとんどといわれています。ただ実際には、芸能人側も、プライバシーの侵害というためには、そのゴシップ記事が真実であることを認めざるを得ないため（嘘だと言うなら、名誉棄損の問題になります）、なかなか裁判になりにくいだけです。

また、芸能人には、自分の肖像などの商業的な価値を勝手に利用されない「**パブリシティ権**」があります。

たまたま撮影した芸能人の写真を自分の商売に利用すると、パブリシティ権の侵害になることがあります。いうまでもありませんが、他人の撮影した写真を勝手に商売に使えば、さらに著作権侵害となります。

第2章　インターネットに関連する著作権

密会の写真は？

```
┌─────────────────────────────────┐
│   人目につかない場所で、          │
│   恋人と密かに会っているところを撮影 │
└─────────────────────────────────┘
              ↓
       自分のブログや SNS で公表
              ↓
┌─────────────────────────────────┐
│ 他人に知られたくないプライバシーを暴けば │
│      **プライバシー権の侵害**      │
└─────────────────────────────────┘
              ↓
┌─────────────────────────────────┐
│ たまたま撮影した芸能人の写真を商売に利用すると │
│      **パブリシティ権の侵害**      │
└─────────────────────────────────┘
```

9 ダウンロードの違法と合法の境界線は？

ダウンロードは合法、無断アップロードは違法

●私的利用のためのダウンロードは合法

インターネット上にはさまざまなファイルがアップロードされています。

ソフトウェアなどのプログラムファイル、文字情報だけのテキストファイルや、ワードやエクセル、パワーポイントやPDFなどのデータファイル、音楽や映画などのファイルです。

こうしたファイルをダウンロードするという行為は、データを受信するようなイメージがあるかもしれませんが、仕組みとしては、ネットワーク上から自分のパソコンのハードディスクやスマホ内のメモリにコピーするということになります。つまり著作権法でいう「複製」です。

私的利用の範囲内では複製可、ダウンロードは自由にしてかまいません。そのためにダウンロードを行うためのソフトを使うのも合法です。

ところが、私的利用にもかかわらず違法となることがあります。それは、映像・音声の著作物について、違法なものであると知りながらダウンロードすることです。

違法なものとは、著作権者に無断でアップロードされている映像・音声です。

合法的にアップロードされているファイルをダウンロードすることはもちろん合法ですし、映像・音声以外のファイルであれば、たとえ違法なものであっても私的利用のためのダウンロードは今のところ違法ではありません。

第2章　インターネットに関連する著作権

私的利用のダウンロードは自由にできるが……

- プログラムファイル
- テキストファイル
- データファイル
- 音楽や映画などのファイル

映像・音声以外のファイルであれば
違法なものであっても
私的利用のためのダウンロードは
今のところ違法ではない

私的利用であっても
著作権者に無断でアップロードされている
映像・音声と知りながらダウンロードするのは違法

ただし映像・音声以外のファイルでも、著作権者に無断でアップロードする行為は著作権侵害で違法です。

とくに値段がつけられて販売されるもの（有償著作物）について違法ダウンロードする行為には、刑事罰（2年以下の懲役もしくは200万円以下の罰金）が科せられます。

無償で提供されている著作物について違法ダウンロードする行為には、刑事罰は科せられません。ただし、著作権侵害により民事上の損害賠償が請求される可能性があります。

● **常習的な違法ダウンロードはアウト**

では、どのようにして「違法なものと知りながらダウンロードした」と判断されるのでしょうか。

「違法なものとは知らなかった」と言い張れば、罪には問われないのでしょうか。

たとえば、たまたま紛らわしいリンクをクリックしたらダウンロードしてしまった、合法的なファイルだと誤認させるような体裁になっていた、といったケースで、ダウンロードしたファイルがごく少数ならば、違法なものとは知らなかったという主張が認められるかもしれません。

しかし、**常習的に違法ダウンロードを繰り返していれば、知らなかったは通用しないでしょう。**

なお原理的には、YouTubeなどの動画サイトを視聴することも、一時的にパソコンやスマホ内にダウンロードしていることになりますが、こうしたストリーミング動画で違法動画を視聴したとしても、例外的に違法ダウンロードにはならないとされています。

「違法と知りながら」とは？

10 無断で本をスキャンして電子書籍化してもいい?

自炊代行業者の行為は私的利用ではない

●**自分で自炊する場合は「私的使用の例外」**

　いまや新刊書の多くは、紙の本と電子書籍で発行され、タブレットやスマホで電子書籍を読む人々が増えています。

　通常は、電子書籍はインターネットで購入・ダウンロードして読みますが、「紙の本が好きなので紙の本で読みたいけど、外出先ではスマホで電子書籍を読みたい」という人もいます。また、「自分がすでに持っている本を電子書籍の形で、タブレットで読みたい」というニーズもあります。

　そんな場合、自分の持っている書籍をスキャナーでスキャン（読み取り）してデジタルデータ化し、電子書籍にすることに問題はないでしょうか。

　書籍は代表的な著作物で、著作権者（通常は著者）が著作権をもっています。書籍を購入して自分の所有物になったといっても、その書籍を複製・複写する権利は著作権者にあります。書籍をスキャンしてデジタルデータ化するのは、**複製**にあたります。では、著作権者の許諾を得ずに、**無断でスキャンすることは著作権の侵害**にあたるのでしょうか。

　これは、私的に利用する範囲内であれば「私的使用の例外」にあたり、著作権の侵害にはなりません。ただし、あくまで、自分でスキャンすることが条件になっています。

　俗に、自分の書籍を自分でスキャンすることを「自炊」といいますが、これは「スキャナーを使ってパソコンにデータを自分で吸い上げる→自吸い→自炊」となったようです。

第2章 インターネットに関連する著作権

私的利用のためならOK

自分でスキャン作業を行い電子書籍化して
私的に利用する範囲内であれば「私的使用の例外」

このように、購入した書籍をスキャンして電子書籍化することについては、私的利用の範囲内で使うことに限ってOKということになります。

しかし、何百ページもある書籍をスキャンしていく作業は手間がかかります。では、その作業を自炊代行業者に料金を払って作業してもらうことは許されるのでしょうか。

●自炊代行業者の行為は認められない

この問題については、裁判で争われました。

論点は、業者が自炊行為を代行してデータ化することが「私的使用」の範囲内であるかどうかということです。

私的使用の範囲内だとする立場は、「自炊代行業者は、客が主体となって私的使用の範囲で自炊することを、単に補助しているだけだ」とする主張をしました。

私的使用の範囲外であるとする立場は、「客の依頼を受けていても、自炊代行業者が主体となってデータ化している」と主張しました。

結果として、裁判所は、**自炊代行業者の行為は認められない**という判断を下し、2016年に確定しました。

利用者が著作権者に許諾を得れば、その限りではありませんが、私的使用ではないことが確定した以上、自炊代行業者に依頼するのは基本的にアウトです。

ただし、非営利の学校や図書館などが複写する場合は、著作権の例外規定となり、自炊代行業者に依頼できます。

業者の自炊行為は「私的使用」か？

業者が自炊行為を代行してデータ化するのは「私的使用」の範囲内か

裁判

私的使用の範囲内だとする立場

自炊代行業者は、客が主体となって私的使用の範囲で自炊することを単に補助しているだけだ

私的使用の範囲外であるとする立場

客の依頼を受けていても自炊代行業者が主体となってデータ化している

裁判所

自炊代行業者の行為は認められない

著作権 Q&A

Q ものまねをユーチューブにアップするときは当人の許可を得る必要がありますか?

A 歌のものまねでは、楽曲や振付けを利用します。まず楽曲は著作物なので、無断で利用すると著作権（送信可能化権）の侵害になります。ただし、JASRACの管理楽曲であれば、YouTubeとJASRACが包括契約を結んでいる現状では、個別の許可を得る必要はありません（伴奏の音源については制限があります）。

振付けも、単なる既存のステップの組み合わせにとどまらない顕著な独創性が認められれば著作物となり、振付けはJASRACの管理外なので、著作権者の許可を得る必要があります。ただし、人の仕草や顔、声そのものについては著作権が存在しないので、真似ても著作権侵害にはなりません。

Q 芸能人のHPなどに掲載されている宣材写真をファンサイトに流用してもOKですか?

A 宣材写真にも著作権があります。ファンサイトで宣伝になるからといって勝手に流用すると著作権侵害になります。芸能人の肖像権の侵害にもあたります。

Q テレビ番組の1コマをキャプチャしてSNSやブログに投稿するのは著作権侵害にあたりますか?

A テレビ番組は著作物で、動画の1場面を静止画にしたキャプチャ画像も著作物です。したがって、それをSNSやブログに無断で投稿することでは、著作権のうち公衆送信権の侵害となります。ただし、引用の要件を満たしていればその限りではありませんが、一般にキャプチャ画像に簡単な感想を付け加えたようなケースでは、引用とは認められないと考えられています。

Q 有名芸能人のサインを持っています。オークションなどで勝手に売ってもよいですか?

A 有名芸能人のサインに限らず、一般的なサインは、著作物とはみなされないのが普通ですから、著作権法で保護される対象ではありません。自分の所有物をオークションに出品することに何の問題もありません。

第3章 仕事に関連する著作権の扱い

1 社内報に新聞や雑誌の記事を転載するのは？

社内報は一般の雑誌と同様に著作権が及ぶ

●利用料を払って転載する

　社内報を発行している会社は多くあります。社内報には、印刷物・冊子型のほかWeb上にアップロードする形態もありますが、著作権はどう関わってくるのでしょうか。

「社内報は社内向けに無料で提供するものだから、広く一般に公開する雑誌やＰＲ誌などとは扱いが違うのではないか」という見方もありそうですが、それは間違いです。規模の大小にかかわらず、**社内報は「私的使用の例外」には含まれず、著作権が及ぶ対象**となります。

　社内報の内容はさまざまですが、業界情報や経済情報を提供する目的で、新聞や雑誌の記事を掲載したいということがよくあります。もちろん、そうした記事には基本的に著作権が存在します。

　新聞や雑誌の記事など、事実を取材して文章にしたものには、情報の取捨選択、論評の付加、文章や構成の工夫などがあるため、著作物として認められます。

　一方で、著作権法には「事実の伝達にすぎない雑報及び時事の報道」は、著作物に該当しないと定められています。これが指すのは、ごく短い事実の羅列だけの記事、小さな死亡記事やスポーツの記録などです。

　これらは著作物にあてはまらない場合もありますが、一般に判断が難しいので、基本的には新聞・雑誌の記事には著作権が存在すると考えたほうがいいでしょう。

第3章　仕事に関連する著作権の扱い

転載の手続き

社内報
- 印刷物
- 冊子
- Web

業界情報や経済情報を提供する目的で
新聞や雑誌の記事を掲載したい

↓

記事を利用する許諾（転載の許諾）を
許諾申請申込書などで新聞社や出版社に直接申し入れる

↓

許諾を得る

↓

使用料を支払う

↓

利用条件を守ったうえで転載

こうした新聞記事の著作権は、記事を書いた記者ではなく、新聞社に帰属します。したがって、記事を利用する許諾（転載の許諾）は、新聞社に直接申し入れます。

　多くの新聞社では、Webサイトに許諾申請申込書が用意されていて、**許諾された場合、使用料を支払い、利用条件を守ったうえで転載**することになります。このような手続きを経ずに無断で掲載した場合は、たとえ出所を明記しても「無断転載」となり、著作権の侵害となります。

　ただし、著作物は「引用」という形であれば、許諾を得なくても利用できます。書籍の内容についても同様です。

●引用であれば許諾がいらない

　引用と認められるには、次のようないくつかの条件を満たしている必要があります。

①自分の文章がメインで、引用部分がサブであるという主従関係が明確であること
②自分の書いた部分と引用部分が明瞭（めいりょう）に区別されていること
③引用する必要性があること
④引用部分の出所（出典）を明記すること
⑤内容の改変をしないこと

　安易に引用の体裁だけを整えても、引用とはみなされない場合がありますので注意が必要です。

　また、「著作権フリー」としてネット上で公開されている写真やイラストは、基本的に許諾の必要がなく使用可能ですが、商用・非商用で区別しているものもあるため、利用規約など定められた条件を確認する必要があります。

引用の条件

自分の文章がメインで、
引用部分がサブという主従関係が明確であること

自分の書いた部分と
引用部分が明瞭に区別されていること

引用する必要性があること

引用部分の出所（出典）を明記すること

内容の改変をしないこと

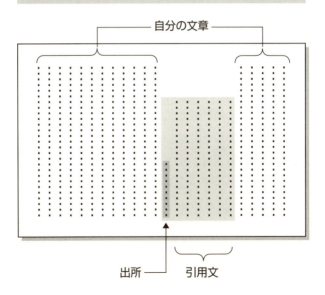

2 地図はコピーしてみんなで使える？

地図は情報の選択や表現法に創作性がある

● Googleマップは許諾なく使える

　地図はビジネスに欠かせないツールの1つです。現在は電子地図も広く普及し、ナビゲーションソフトなどと一体化してますます便利になっています。

　こうした電子住宅地図を1セットだけ会社で購入して、それを営業部員の人数分コピーして使用するのはどうでしょうか。

　こうした地図にも著作権があります。一見、地形を正確に表した地図は事実を書きあらわしているだけのようにも思えますが、ニュース記事と同じで、情報の取捨選択や表現の仕方に創作性があるので、著作物として認められるのです。私的使用の場合を除いて、著作者に無断で複写することはできません。

　では、Googleマップなど、ネット上で広く普及しているWeb地図についてはどうでしょうか。当然、著作権はありますが、Google社は、利用規約において、米国の「フェアユース」という考え方に基づいて、許諾なしの利用を認めています。

　フェアユースの詳しい内容については後述しますが、Google社の地図は、調査報告書、社内レポート、プレゼンテーション、提案書、その他のビジネス文書などの印刷物で使用することは可能とされています。利用にあたっては、権利帰属表示を規定に則って行うなど、ガイドラインを確認する必要があります。

　一方、Yahoo! 地図ではこうした利用を認めていません。また、国土地理院の地図などは利用範囲がやや広く規定されているので、使い方に応じてこれらを比較検討する価値があります。

第3章　仕事に関連する著作権の扱い

地図にも著作権がある

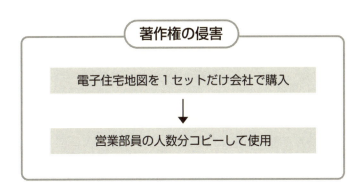

3 プロカメラマンに依頼した写真を流用したら?

写真を撮影したカメラマンに著作権がある

●別に使用する場合は二次使用料が発生

　自社のホームページに使用する目的で、外部のフリーカメラマンに写真撮影を依頼しました。写真の出来がよかったので、後日、パンフレットにも流用したい——そんな場合に、カメラマンの許可を得る必要はあるでしょうか。

　これは、その著作物（写真）の著作権がどこにあるか、という点がポイントになります。

　原則的には、**写真を撮影したカメラマンに著作権があります**。会社からカメラマンに撮影料としてギャランティが支払われたからといって、著作権まで買い取ったことにはなりません。そのギャラは、あくまで撮影時の目的に使用されることへの対価です。後日、新たに別の媒体・用途に使用する場合は、著作権者であるカメラマンは二次使用料を請求する権利があります。

　ただし、依頼時の契約で、著作権の譲渡に双方が同意していれば、会社が著作権者になるため、二次使用料を支払うことなく自由に使用することができます。

　これは俗に「著作権の買い取り」などともいいますが、本来ならば二次使用料分も含めた著作権の譲渡に応分の金額になるところですが、立場の強弱から実質的には著作権の放棄を求めるのに近いような形になることも少なくないようです。

　カメラマンは撮影した写真に関して著作権のほかに、著作者人格権ももっています。**著作権は譲渡できますが、著作者人格権は譲渡できないため**、カメラマンが保持したままです。

第3章 仕事に関連する著作権の扱い

著作権の譲渡とは

```
┌─────────────────────────────────┐
│ 自社のホームページに使用する目的で      │
│ 外部のフリーカメラマンに写真撮影を依頼   │
└─────────────────────────────────┘
              ∥
著作権は写真を撮影したカメラマンにある
```

ギャラは撮影時の目的に使用されることへの対価	契約で著作権の譲渡に双方が同意していれば会社が著作権者に
↓	↓
別の媒体・用途に使用する場合はカメラマンに二次使用料を支払う	会社は自由に使用できる

●**プリクラ写真は著作物ではない**

　著作者人格権のうちの同一性保持権は、著作物の内容を改変されない権利のことで、写真の場合はトリミングや特殊効果を施すことや文字を加えることにも許諾が必要になります。

　通常は、著作権譲渡の契約を結ぶ際に、「原著作者は著作者人格権を行使しない」という条項を定めて、買い取る側が自由に改変できるような措置を講じておきます。

　とはいえ、一般には、依頼時にはそのような契約書を交わさず、著作物の利用許諾や著作権譲渡について曖昧(あいまい)なまま仕事を進めることが慣行になっていますので、のちのち派手な流用をしたりすると、トラブルの種になります。

　なお、商品写真のような定型の写真は、著作物とはいえないと考える人がいるかもしれませんが、アングルやライティング、ハイライトの処理など、細かな創意工夫によって撮影されたと考えられるため、創作的な表現＝著作物として認められます。

　それがスマートフォンのカメラで撮影されたとしても同様です。同じようにスナップ写真にも、アングルやシャッターを押すタイミングに創作性が認められますので、著作物としてみなされます。

　では、著作物として認められない写真には何があるかといえば、プリクラの写真や証明写真があげられます。**機械が自動的に撮影したような写真には、創作性は認められない**とする考えによるものです。

著作物か著作物でないか

アングル、ライティング、ハイライトの処理などに創意工夫
シャッターを押すタイミングに創作性がある

機械が自動的に撮影した写真

4 社内プレゼン資料に著作物を借用したい

同業他社の広告写真は許諾なしで使用できる

●**著作権フリーの素材を使う**

社内のプレゼンテーションで、写真などの著作物を使いたいとき、その取り扱いはどうすればいいのでしょうか。

参加者は社内の限られたメンバーで、内容も外部には漏れません。というと、問題がないように思えますが、**業務としての一環である以上、個人的な私的利用とは認められません**。著作権者の許諾を得て、場合によっては使用料を支払います。

そこで、著作権フリーの写真やイラストを使用することが考えられます。ただし、利用規約によって商用利用禁止や改変の禁止、クレジット表示などが求められるケースもあります。

とくに注意したいのは、商用利用禁止をうたっている場合です。商用利用の定義は定まっていないので、個人が非営利で使用する以外を商用と想定していればプレゼンはアウト、使用したものを販売することのみ商用としていればセーフということになります。使用にあたっては、実際の利用規約をよく確認し、不明確な点があれば権利者に直接確認する必要があります。

また、著作権フリーとなっていても、著作権者ではない者が勝手にフリーといって配布しているだけというサイトもあるので注意が必要です。

また、マーケティングの分析などで、**同業他社の広告写真を紹介したい場合は、引用の要件を満たしていれば、許諾なしで使用できる**と考えていいでしょう。キャラクターのプレゼンへの利用については、特例があるので次項で取り上げます。

著作権フリーにも注意が必要

利用規約を確認する

商用利用禁止ではないか？

改変が禁止されていないか？

クレジット表示は必要か？

個人が非営利で使用する以外は商用とあれば	使用したものを販売することのみ商用とあれば
プレゼンは **アウト**	プレゼンは **セーフ**

信頼できるサイトからダウンロードする

著作権者ではない者が勝手にフリーといって
配布しているだけのサイトもあるので注意が必要

5 企画書に他社のキャラクターを使うのは？

キャラクターは自由に使える

●複数のキャラクター候補を挙げてもいい

　自社の商品や広告にキャラクターを使用したいとき、企画開発段階の会議や打ち合わせなどで、実際にキャラクターを使用した場合のイメージを試作してみる、または企画書で説明するということがあります。

　従来は、こうしたときにも、そのキャラクターの著作権者に使用許諾を得ないで使用すると、著作権侵害となっていました。ところが2012年の著作権法改正によって、著作権侵害にあたらないとされました。

　この場合、利用者はキャラクターを「利用しようとしている」状態であればよく、最終的に企画が実現しなかった場合でも適用されます。たとえば、複数のキャラクター候補を挙げて、1つも採用されなかったという結果になっても、その過程で使用したキャラクターについて著作物使用の許諾は必要なく使用料も発生しません。

　利用者は「**検討の過程における利用という目的に照らして、必要と認められる限度において**」キャラクターの著作物を複写に限らず自由に利用できるのです。ただし、著作権者の利益を不当に害するような利用はできません。

　たとえば、そのキャラクターを利用した試作品を社外に広く頒布するような利用の仕方はできないのです。

キャラクターの利用

自社の商品や広告にキャラクターを使用したい

企画開発段階の会議や打ち合わせなどで
実際にキャラクターを使用した場合のイメージを試作してみる

または企画書で説明する

著作権侵害にあたらない

キャラクターを「利用しようとしている」状態であればいい

最終的に企画が実現しなかった場合でも適用される

検討の過程における利用は、
キャラクターについて著作物使用の
許諾は必要なく使用料も発生しない

6 国・官公庁の統計資料は自由に使える?

5つの条件を満たせば自由に使える

●**政府機関の発信する情報は自由に使える**

　会議の資料としてさまざまなデータを活用したいときがあります。政府や官公省庁、地方自治体、独立行政法人などが発行している刊行物の調査統計資料、報告書などは、自由に使うことができるのでしょうか。

　基本的に、公的な刊行物の内容にも著作権はありますが、次の条件を満たす場合には、許諾なしで自由に使えます。

①一般に周知させる目的で作成された資料であること
②行政機関等の著作として公表された資料であること
③利用者が説明の材料として転載すること
④原著作物に転載禁止の表示がないこと
⑤原著作物の出所を明示すること

　2016年1月からは、政府機関の発信する情報には、**クリエイティブ・コモンズ**のCC-BY4.0と互換性のある「政府標準利用規約（第2版）」が適用されています（クリエイティブ・コモンズについては、詳しくは176ページ参照）。

　このルールに従って、誰でも、複製、公衆送信、翻訳・変形等の翻案等、自由に利用できることになっています。商用利用もできます。クリエイティブ・コモンズとは、簡単にいえば、著作物の適正な再利用の促進を目的として、著作者がみずからの著作物の再利用を許可するという意思表示を手軽に行えるようにするための仕組みです。

公的刊行物の使用条件

- 一般に周知させる目的で作成された資料であること

- 行政機関等の著作として公表された資料であること

- 利用者が説明の材料として転載すること

- 原著作物に転載禁止の表示がないこと

- 原著作物の出所を明示すること

7 社内研修用にデータや記事を利用するときは?

「教育目的の場合は著作物を自由に使える」は誤解

●特例は非営利目的の教育機関だけ

学校などの教育機関の授業で、公表された著作物を使用する場合は、著作権者の許諾なしに必要な範囲で複製したり、改変して利用したりすることが認められています。

新聞記事や文学作品の一節など、授業で必要な部分をコピーして教室で配布する等、通常なら著作権者の許諾が必要な著作物を自由に使えます。

こうした**特例が認められるのは、非営利目的の教育機関**です。具体的には、文部科学省が教育機関として定めるところおよびこれに準ずるところ(幼稚園、小中高校、中等教育学校、短期大学、大学、大学院、高等専門学校、盲学校、聾学校、養護学校、専修学校、看護学校などの各種学校、大学校、保育所)、社会教育においては、前記教育機関と同等の年間教育計画を有するところ、となっています。

このため、**営利目的の予備校、私塾、カルチャースクール、営利企業の社員研修などは適用外**です。

よく「教育目的の場合は著作物を自由に使える」といわれますが、これは誤解です。著作物を、著作権者の許諾なしに使えるのは、非営利目的の教育機関だけです。

たとえ少人数の規模であっても、会社内での使用は私的使用とは認められません。ですから、企業の社内教育や研修用に新聞や雑誌の記事など著作物の内容を利用する場合には、著作権者の許諾が必要になります。

第3章　仕事に関連する著作権の扱い

営利企業の社員研修などは適用外

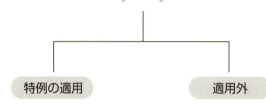

「教育目的の場合は著作物を自由に使える」

特例の適用

非営利目的の教育機関

適用外

営利目的の予備校、私塾
カルチャースクール
営利企業の社員研修

8 社内で新聞記事を少部数コピーするときは？

契約を結べば、ほとんどの新聞が複製できる

●日本複製権センターと契約を結ぶ

社内会議で著作物を使用したいときがあります。

たとえば、プロジェクトに関係する新聞記事などを、会議の出席者の人数分だけ話し合いの参考資料としてコピーして配布したいという場合です。

そんなケースでも、使用にあたっては著作権者、ここでは新聞社の使用許諾を得なければなりません。

しかし、会議のたびに新聞社に連絡し、使用料を払うのは手間がかかります。

そこで、企業内において、業務の参考とするために新聞や書籍、雑誌等の著作物を複製する場合には、公益社団法人「**日本複製権センター**」と包括的な年間利用契約を結ぶことで、その契約の範囲内で「新聞著作権協議会」加盟社の新聞等を複製することができるようになります。

新聞著作権協議会の加盟社は、主要全国紙・地方紙66社、通信社3社および専門紙から構成され、新聞協会加盟紙全体の発行部数の80％を占めています。ほとんどの新聞をカバーしているといっていいでしょう。

この契約で定められている範囲は、
①1回につき20部以内のコピー
②会議用など、企業・団体の内部で使用するもの
③コピーの対象は、新聞著作権協議会加盟の新聞
　というものです。

第3章　仕事に関連する著作権の扱い

会社で新聞記事を利用する

日本複製権センターと年間利用契約を結ぶ

「新聞著作権協議会」加盟社の新聞等を複製できる

主要全国紙・地方紙66社、通信社3社および専門紙
（新聞協会加盟紙全体の発行部数の80％）

契約内容

1回につき20部以内のコピー
会議用など、企業・団体の内部で使用する
コピーの対象は、新聞著作権協議会加盟の新聞

この範囲を超える使用、たとえば一般を対象としたセミナーで新聞記事をコピーして配布することなどは、会社内部・少部数といった条件にあたらないため、当該記事の著作権者（発行新聞社）に問い合わせる必要があります。

●クリッピング・サービスは契約が必要

　会議では**新聞記事をパワーポイントなどでスクリーンに映写**することがありますが、その場合はどうなるのでしょうか。

　この場合は、記事をパワーポイントに複製することになるので、著作権者の許可が必要です。

　では、記事を映写しながら口頭で解説を行い、記事を参考資料として扱う場合はどうでしょうか。これは、引用として認められる余地を残しますが、実際の使用形態によって判断が変わるグレーゾーンです。

　新聞記事から事実関係のみを抽出して、パワーポイント上でそのキーワードを表示するという形態であれば、著作権の侵害にはあたりません。原則として、新聞記事の見出しのような短いものには著作権はないという考え方が一般的です。

　また、毎日の新聞各紙の記事を切り抜き、コピーして関連部署などで利用することは「**クリッピング・サービス**」と呼ばれますが、これは新聞記事を、組織的・継続的・反復的に複製し、組織内で利用することです。こうした利用形態は、原則として新聞社との個別契約が必要になります。

　一般に、クリッピングは「コピー閲覧」という形式になり、記事数と配布部数によって使用料金が変わります。また、電子化して社内イントラネットに掲載する場合は、別途の契約となります。

第3章　仕事に関連する著作権の扱い

新聞記事のさまざまな使い方

会議で新聞記事をパワーポイントなどで
スクリーンに映写する

‖

著作権者の許可が必要

記事を映写しながら口頭で解説し、
記事を参考資料として扱う

‖

使用形態によって判断が変わるグレーゾーン

新聞記事から事実関係のみを抽出して、
パワーポイント上でそのキーワードを表示する

‖

著作権の侵害にはあたらない

クリッピング・サービス

‖

原則として新聞社との個別契約が必要

9 買ったCDは店のBGMに自由に使っていい?

無断でBGMとして流すのは演奏権の侵害にあたる

●有線放送であればOK

いうまでもなく音楽作品は著作物です。私たちは、対価を払ってCDなど音楽の録音物を購入したり、生演奏の会場に出かけたり、ラジオやテレビなどの放送、インターネットの配信を通じて、音楽を利用します。それらの対価のなかに著作権料が含まれています。私たちは、音楽を聴くときに、それぞれの利用の仕方に応じて、著作権料を支払っているわけです。

著作権法には「著作者は、その著作物を、公衆に直接見せ又は聞かせることを目的として上演し、又は演奏する権利を専有する」という規定があります。この権利が「**上演権**」「**演奏権**」と呼ばれるもので、これらの権利に、市販CDを再生して公衆に聞かせることも含まれます。

つまり、買ったCDをお店などで無断でBGMとして流すことは、**著作権の演奏権の侵害にあたる**のです。CDを購入しただけでは、その演奏権への対価は支払われていないわけです。

著作権法上は、「営利を目的としない演奏」の場合は、自由に利用できますが、営利目的の場所で使用されるBGMには、著作権者の許諾が必要です。

実際に使用許諾の手続きをする際には、JASRACに申請する形になります。JASRACの管理楽曲でない場合については、その楽曲を管理する団体または著作権者の許諾を得ます。

ただし、JASRACの管理楽曲をBGMとして流す場合でも、右ページのようなケースでは許諾の必要はありません。

郵便はがき

料金受取人払郵便

牛込局承認

2041

差出有効期限
平成30年5月
31日まで

162-8790

東京都新宿区揚場町2-18
白宝ビル5F

フォレスト出版株式会社
愛読者カード係

フリガナ		年齢　　　　歳
お名前		性別 (男・女)

ご住所 〒
☎　　(　　　)　　　　FAX　　(　　　)

ご職業	役職

ご勤務先または学校名
Eメールアドレス
メールによる新刊案内をお送り致します。ご希望されない場合は空欄のままで結構です。

フォレスト出版の情報はhttp://www.forestpub.co.jpまで!

フォレスト出版　愛読者カード

ご購読ありがとうございます。今後の出版物の資料とさせていただきますので、下記の設問にお答えください。ご協力をお願い申し上げます。

● ご購入図書名　「　　　　　　　　　　　　　　　　　　　　」

● お買い上げ書店名「　　　　　　　　　　　　　　」書店

● お買い求めの動機は?
  1. 著者が好きだから　　　　2. タイトルが気に入って
  3. 装丁がよかったから　　　4. 人にすすめられて
  5. 新聞・雑誌の広告で(掲載誌誌名　　　　　　　　　　　　　　)
  6. その他(　　　　　　　　　　　　　　　　　　　　　　　　)

● ご購読されている新聞・雑誌・Webサイトは?
(　　　　　　　　　　　　　　　　　　　　　　　　　　　　　)

● よく利用するSNSは?(複数回答可)
  ☐ Facebook　☐ Twitter　☐ LINE　☐ その他(　　　　　)

● お読みになりたい著者、テーマ等を具体的にお聞かせください。
(　　　　　　　　　　　　　　　　　　　　　　　　　　　　　)

● 本書についてのご意見・ご感想をお聞かせください。

● ご意見・ご感想をWebサイト・広告等に掲載させていただいても
よろしいでしょうか?
  ☐ YES　　☐ NO　　☐ 匿名であればYES

あなたにあった実践的な情報満載! フォレスト出版公式サイト

http://www.forestpub.co.jp　フォレスト出版　検索

第3章　仕事に関連する著作権の扱い

JASRACの許諾の必要がないケース

1. 有線音楽放送など、JASRACと契約を結んでいる音源提供事業者から音源の提供を受けている場合

2. カラオケや生演奏などですでにJASRACと契約している場合

3. テレビやラジオの放送をそのまま流している場合
（インターネットラジオについては原則として手続きが必要）

4. 教育機関で利用する場合

5. 福祉・医療施設で利用する場合

6. 事務所・工場などでの従業員を対象として利用する場合

7. 露店等での短時間で軽微な利用をする場合

※4、5、6、7については、営利目的の使用であれば、本来なら著作権使用料が発生するが、「当面の間、使用料を免除（権利の不行使）」という形になっている

音楽教室で楽曲を使用する際は？

JASRACが著作権料を徴収する方針を決定

●学校教育と音楽教室の違いは

JASRACが音楽教室で楽曲を使用する際にも著作権料を徴収する方針を決定したことが、論議を巻き起こしています。

著作権法では、公衆に聞かせることを目的に、楽曲を演奏したり歌ったりする演奏権について、作曲家や作詞家が専有すると定めていますが、JASRACはカラオケなどと同様に、音楽教室に通う生徒も不特定多数の公衆にあたり、したがって生徒に聞かせる演奏にも演奏権が及ぶとしたのです。

これに対してヤマハ音楽振興会などがつくる団体「音楽教育を守る会」は「音楽教室のレッスンにおける講師・生徒の演奏は、音楽理解力や演奏技術向上を目的としたもので、聞かせることを目的とした演奏ではない」と反論しています。

論点はどこでしょうか。

まず、**音楽教室での演奏が公衆に聞かせるための演奏かどうか、さらに、それが営利目的の演奏かどうか**、という点です。

もともと学校教育における楽曲使用は著作権の及ぶ範囲外ですが、民間の音楽教室はカルチャーセンターと同じというのがJASRACの主張です。

現に、カルチャーセンターからは楽曲使用において著作権使用料を徴収しているということも論拠の1つです。しかし、**著作権使用料徴収が教室の経営を圧迫し、音楽文化の発展を阻害する**という意見もあり、先行きは見通せません。

「JASRAC」対「音楽教育を守る会」

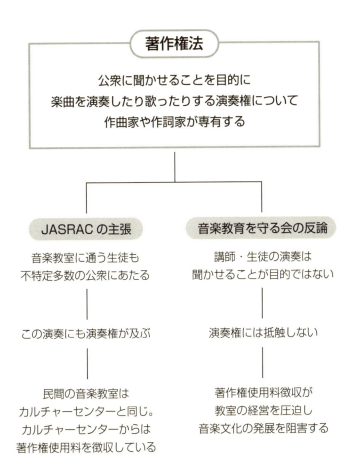

11 「商用」と「非商用」の違いは？

商用か非商用かで、許諾の要不要が分かれる

●出演者などが無報酬かどうか

著作権法では、一定の場合には、著作権を制限して著作物を自由に利用することができることになっています（著作権が制限される場合でも、著作者人格権は制限されません）。

そのなかで、商用か非商用か、つまり営利目的か非営利目的かによって、許諾なしで使えるか、使えないかが分かれる場合があります。

著作物の使用許諾の条件として「商用不可、非商用のみ使用可」とする場合（著作権フリーの素材サイトなど）、非商用の定義には幅がありますが、おおむね対価の支払いを受けない、商業的サービスの提供・宣伝を目的としないといったものです。

著作権法上、こうした商用・非商用で扱いが異なる規定は、次の2点です。

①入学試験や採用試験などの問題として使用する場合、許諾なしに著作物を複製し、公衆送信を行うことができる。ただし、営利目的のための利用は、著作権者への補償金の支払いが必要。

②営利を目的とせず、観客から料金をとらない場合は、著作物の上演・演奏・上映・口述（朗読）などができる。ただし、出演者などは無報酬である必要がある。

しかし、企業が主催する無料コンサートは、無報酬であっても、企業の広告宣伝という営利活動にあたるとされ、権利者の許諾が必要です。

第3章　仕事に関連する著作権の扱い

商用か、非商用か

> 1　入学試験や採用試験などの問題として使用する場合、許諾なしに著作物を複製し、公衆送信を行うことができる

ただし

営利目的のための利用は、著作権者への補償金の支払いが必要

> 2　営利を目的とせず、観客から料金をとらない場合、著作物の上演・演奏・上映・口述（朗読）などができる

ただし

出演者などは無報酬である必要がある

※企業が主催する無料コンサートは、無報酬であっても、広告宣伝という営利活動にあたるので、権利者の許諾が必要

著作権 Q&A

Q 有名人の似顔絵を描いて商用利用するのは肖像権の侵害にあたりますか？

A 人は、写真だけでなく、容貌などを描写したイラスト画についてもみだりに公表されない人格的利益をもつと考えられています。したがって似顔絵が、その有名人の似顔絵であると識別できる場合、それを無断で商用に利用することは肖像権の侵害にあたります。

Q 人気マンガの原画を10点ほど購入しました。自分で経営している喫茶店の壁に掲示してお客さんに見てもらおうと思いますが、問題ありますか？

A 一般に、こうした場合、購入したのは物としての原画で、原画の所有権は買った人に移りますが、著作権は特別な契約をしない限り、マンガ家の元に残ります。つまり、勝手に複製して販売したりすることはできないとも思われます。しかし、絵画のような美術の著作物あるいは写真の著作物に限り、屋外や建物外壁などに恒常的に設置するのでなければ、所有者は許諾なくその絵画や写真を展示することができると著作権法に定められています。したがって購入したマンガの原画を展示することも問題ありません。したがって購入した原画を展示することは問題ありません。

Q 広島東洋カープや智弁和歌山高等学校野球部の「C」のロゴに著作権はありますか？

A アルファベットなどの文字で構成されるロゴマークには、基本的に著作権は認められていません。文字は万人共有の文化的財産であり、本来的に情報伝達という実用的機能を持つものなので、文字の字体を基礎としてデザイン書体を表現した形態には著作権としての保護を与えるべき創作性を認められないという考え方です。つまり、著作権法で保護される著作物ではないのです。では、商標権はどうでしょうか。商標法では原則、アルファベット2文字以内の文字標章は、自他商品・役務識別力がないものとして登録できないことになっています。

第4章 生活に身近な著作権

1 二次創作はどこまで許される?

「二次的著作物」と「二次創作物」は違うもの

●二次的に創作した著作物

原作(原著作物)を改変して二次的に創作した著作物のことを「二次的著作物」といいます。

たとえば、アニメ化されたマンガでは、マンガが「原著作物」でアニメが「二次的著作物」となりますが、この二次的著作物は原著作物から独立した著作物として保護されます。二次的著作物の著作者も独立した著作権者となります。

なぜわざわざ二次的著作物と呼ぶかというと、**二次的著作物を複製・上映などで利用する場合には、利用者は原著作物の著作権者の許諾も合わせて得る必要が生じるからです。**

具体的には、二次的著作物としては、
・翻訳、編曲、変形(美術の著作物の表現形式の変更など)
・脚色(小説等の内容を演出等の目的で書き換え)
・映画化(小説等の著作物を映画として表現)
などがありますが、いずれも、原著作者の許諾を得て創作されるものです。

ただし、単に原著作物を参考にしたという場合は、二次的著作物とはなりません。

●「二次創作物」は同人誌の分野で

一方、俗にいわれる「二次創作物」は、著作権法上における二次的著作物と一部重なりますが、実情はさまざまに異なる点があります。

「二次的著作物」と「二次創作物」の違い

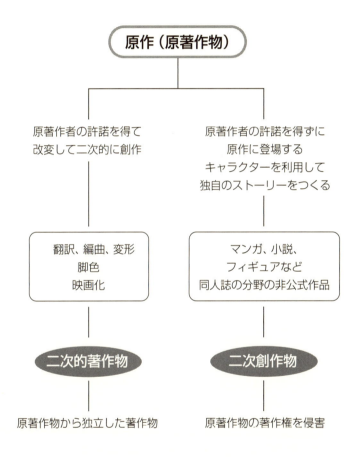

二次創作物とは、多くの場合、原作である創作物に登場するキャラクターを利用して、第三者が二次的に創作した独自のストーリーのマンガ、小説、フィギュアなどの非公式作品で、おもに同人誌の分野で使われます。

　もともとは、パロディの言い換えとして生まれた表現といわれ、原著作者の許諾を得ずに創作されたものが大半です。

　原著作者の許諾を得ずに創作されたものは、原著作者の**著作権や著作者人格権（複製権、翻案権、同一性保持権）を侵害**していることが明らかです。

　また、原著作物に関わる名称やキャラクター画像などが商標登録されている場合には**商標法違反**、あるいは原作との混同を生じさせるような作品については**不正競争防止法違反**となる場合もあります。

　ところが、こうした著作権者の使用許諾を得ていない二次創作物について、著作権者が刑事告訴や民事訴訟を行うことは多くありません。それは、実際には、原著作物の利益を損ねることは少なく（同人誌の発行部数は少なく、社会的影響力も弱い）、もともと原著作物のファンの活動の一環なので否定しにくい、むしろ原著作物のファンを拡大する一助になるといった理由があるからです。

　しかし、これはあくまで著作権の行使を保留している状態です。性表現や暴力の行き過ぎた表現など、著しく反社会的な内容の作品であった場合、原著作物への社会的評価を毀損したり、著作者人格権を傷つけたりする可能性があります。

　その場合、著作権侵害で訴えられてもしかたなく、争いを避ける余地はありませんが、どこまで許されるかは、原著作権者の受け止め方次第であり、ケースバイケースです。

二次創作物による権利侵害

原著作者の許諾を得ずに創作されたもの

1. 原著作者の著作権や著作者人格権（複製権、翻案権、同一性保持権）を侵害

2. 原著作物に関わる名称やキャラクター画像などが商標登録されている場合は商標法違反

3. 原作との混同を生じさせるような作品は不正競争防止法違反になる場合も

しかし

原著作物の利益を損ねることが少ない
原著作物のファンの活動の一環なので否定しにくい
原著作物のファンを拡大する一助になる

著作権者が刑事告訴や民事訴訟を
起こすことは少ない

2 たまたま写真に写り込んでいた著作物の扱いは？

「付随対象著作物」は侵害行為にあたらない

● **写真やビデオから分離できないもの**

街中にはさまざまな著作物が存在しています。

何気なく写真やビデオを撮影したら、背景に著作物が写り込んでしまったということが起こります。街角のポスターやキャラクター、ビデオなら流れていた音楽などです。それをSNSへ投稿したりブログに掲載したりする行為は、著作権侵害にならないのでしょうか。

従来は、その点が法律上で明確でなかったため、著作権侵害に問われるおそれがありました。しかし、このように**たまたま小さく写り込んでしまった著作物の利用は、著作権者の利益を不当に害するとは考えにくいため**、2012年の著作権法の改正で、侵害行為にあたらないことが明確化されました。

写真を撮影するなどの方法で著作物を創作する際、撮影対象とするものから分離することが困難である他の著作物（付随対象著作物）は、その創作にともなって複製または翻案することは侵害行為にあたりません。

さらに、複製または翻案された付随対象著作物は、写真などの著作物の利用にともなって利用しても侵害行為にはあたりません。

ここで「分離することが困難である」とあるのは、写真を撮影したときに、その状況から他の著作物（付随対象著作物）を除いて創作することが、社会通念上困難であると客観的に認められることをいいます。

第4章　生活に身近な著作権

著作物にたまたま写り込んだ著作物

写真やビデオを撮影したら
著作物が小さく写り込んでしまった

それをSNSへ投稿したり
ブログに掲載したりしてもいい？

分離することが困難である他の著作物
（付随対象著作物）は
そのまま利用しても侵害行為にならない

しかし、この場合、付随対象著作物はあくまで「軽微な構成部分となるものに限る」とされ、「著作権者の利益を不当に害することとなる場合はこの限りでない」とのただし書きも付されています。それが「軽微な構成部分」なのかどうかは、個別の事案に応じて判断されることになります。

● **意図的に利用しなければOK**
　著作権者の許諾なく利用できる例としては、次のようなケースが想定されています。
①写真を撮影したら、背景に小さくポスターや絵画などが写り込んだ
②街角の風景をビデオ収録したら、ポスター、絵画や街中で流れていた音楽がたまたま録り込まれていた
③絵画が背景に小さく写り込んだ写真をブログに掲載
④ポスター、絵画や街中で流れていた音楽がたまたま録り込まれた映像をインターネット送信する
　一方、次のような場合は著作権者の許諾が必要です。
①本来の撮影対象として、ポスターや絵画を撮影した写真をブログに掲載する
②テレビドラマのセットとして、重要なシーンで視聴者に積極的に見せる意図をもって絵画を設置し、これをビデオ収録した映像を放送やインターネット送信する
③マンガのキャラクターの顧客吸引力を利用する形で、写真の本来の撮影対象に付随してマンガのキャラクターが写り込んでいる写真をステッカー等として販売する場合
　基本的には、たまたま写り込んでいたものを意図的に利用しなければOKということです。

第4章 生活に身近な著作権

著作権者の許諾なく利用できる例

写真を撮影したら、背景に小さくポスターや絵画などが写り込んだ

街角の風景をビデオに撮ったらポスター、絵画や流れていた音楽がたまたま録り込まれていた

絵画が背景に小さく写り込んだ写真をブログに掲載

街角の風景をビデオに撮ったらポスターや絵画、流れていた音楽がたまたま録り込まれていた映像をインターネット送信

3 論文やレポートに関わる著作権

「引用」「盗作」「剽窃」「転載」の違い

●丸写し、コピペは厳禁

　学生が書く卒業論文、ビジネスパーソンが書くレポートや報告書と、著作権はどんな関係があるのでしょうか。

　それぞれ、書式やスタイルには違いはありますが、基本的な著作権に関する考え方は共通です。先行する研究や調査の成果（他の著作物）を紹介・レビューし、検討を加え、そのうえに執筆者独自の考えや研究成果を記述していくなかで、他の著作物の扱いをどのように行うかという点がポイントです。

　いうまでもなく、他人の著作物（書籍、雑誌論文、Webサイトなどで入手した資料や文献など）の丸写し、コピペは厳禁です。**他人の書いたものを自分が書いたかのように装う行為は、「盗作」「剽窃（盗用）」となります。著作権の侵害です。**

　丸写しではなく、語尾を変える、同じ意味の別の言葉に変える、接続詞を変えるといった変更を加えても、盗作・剽窃には変わりありません（この点については142ページで解説します）。近年は盗用・剽窃をチェックするソフトウェアやWebサービスもあるため、安易な盗用はすぐに露見してしまいます。

　著作権法上、問題なく他人の著作物を利用する方法は、著作権者の許諾を得ることですが、**引用の要件を満たせば、許諾なしに他の著作物を利用することができます。**よく「無断引用」などといいますが、引用は要件を満たせば（82ページ参照）無断で行っても適法です。ですから引用はすべて無断なのです。無断とそうでないものがあるのは「転載」です。

第4章 生活に身近な著作権

引用する際は「出所」を明示する

引用する場合、参考にする場合、
統計・資料を利用したり、表や図を転用したりする場合

①著者または編者
②訳者
③書名
④出版社名
⑤出版年
⑥引用したページ

を明記する

Ｗｅｂサイトから引用、もしくは参考にした場合は、
ＵＲＬとページを開いた年月日（最終検索日）を明記する

4 バンドで他人の曲を ライブ演奏するときは?

JASRACと契約しているライブハウスならOK

●まったくの非営利なら問題ない

アマチュアバンドは、幅広い年齢層に人気のある趣味です。アマチュアバンドがライブで演奏をする場合、他人がつくった楽曲を演奏すると、著作権上どんな問題があるでしょうか。

著作権がある楽曲には「**演奏権**」があり、**著作権者の許諾なく公衆の前で演奏するのは、演奏権の侵害になります**。JASRACなど、その楽曲を管理する団体や著作権者の許諾が必要です（著作権の保護期間が消滅していれば自由に利用できます）。

しかし、次の要件をすべて満たす場合は、許諾なしに自由に利用できます。①営利を目的としない。②聴衆または観衆から料金（著作物の提供または提示につき受ける対価）を受け取らない。③実演家に報酬が支払われない（交通費は可）。

ただし、演奏を聞かせること自体が非営利、無料、非報酬であっても、企業が主催するコンサートやイベントの場合は、企業の広告活動に貢献して利益につながるとみなされます。

また、ライブハウスで演奏をする場合には、**そのライブハウスがJASRACと包括的利用許諾契約を締結していれば、個別に著作権者の許諾を得て使用料を支払う必要はありません**。

ライブハウスは年間使用料を支払い、JASRACは、サンプリング調査による利用曲目収集か契約店舗からの報告による利用曲目収集という2つの方法で、著作権使用料を著作権者に分配する仕組みになっています。ライブハウスで演奏する場合は、ライブハウスに問い合わせて確認しましょう。

第4章　生活に身近な著作権

許諾なしに利用できる場合

5 小説や楽曲と同じタイトルを つけてもいい?

小説や曲のタイトルは○、歌詞の掲載は×

●同じタイトルでも問題ないが……

 一般に、作品のタイトルや新聞記事の見出しなどは、著作物ではないとされています。ほとんどのタイトルは、短くて創作的な表現とはいえないからです。判例でも、**新聞・雑誌等の記事の見出し、小説・楽曲・番組などのタイトル(題号)そのものは、原則として著作物ではない**とされています。

 では、既存の小説や楽曲のタイトルをそのまま自分の作品につけても問題はないのでしょうか。

 基本的に問題はありません。実際に、同じタイトルの作品は多数存在します。ただ、個性的なタイトルとまったく同じタイトルをつけることは、モラルの問題として批判を招きそうです。

 また、先行作品のタイトルの知名度にただ乗り、あるいは誤認を利用して利益を得ている場合には、著作権侵害ではなくても、他人の正当な利益を損ねる不法行為(不正競争防止法違反)として、損害賠償の対象となる可能性も出てきます。

 楽曲について気をつけたいのは、歌詞の一節を掲載すること。歌詞は著作物であり著作権があります。

 ブログなどに歌詞を掲載する場合は著作権者の許諾が必要です。使用許諾の手続きをする際には、JASRACなどに申請する形になりますが、ブログサービスの運営事業者が、JASRACに許諾を得ている場合、個人ユーザーが個別に許諾を得なくてもそのブログでの歌詞掲載が可能です。また、引用の要件を満たせば、著作権者の許諾なく、歌詞の一部を使用できます。

第4章　生活に身近な著作権

知名度に頼ったただ乗りはできない

作品のタイトルや新聞記事の見出しなどは
著作物ではない

既存の小説や楽曲のタイトルを
そのまま自分の作品につけても問題ない

ただし

個性的なタイトルとまったく同じタイトル

モラルの問題として批判を招く

先行作品のタイトルの知名度にただ乗り
誤認を利用して利益を得ている

不正競争防止法違反の可能性

123

6 絵本の読み聞かせに許諾はいらない？

「児童書四者懇談会」に関わる本かどうか

●実演する人の交通費は無報酬に該当

　絵本の読み聞かせや小説・詩の朗読会に関わる著作権を「口述権」といいます。著作権者のもつ権利です。

　口述権は言語の著作物を朗読などの方法により口頭で公衆に伝える権利で、著作権者に無断で読み聞かせや朗読会を行ってはいけません。

　口述権には、ライブだけではなく、録音されたものを再生する行為も含まれます。演劇的な要素が多ければ、**上演権**も関わってきますが、ともに著作権者のもつ権利です。

　しかし、一定の条件を満たせば、著作権者の許諾なしに行うことができます。その条件とは、次のとおりです。

　①公表された著作物であること
　②営利を目的としないこと
　③聴衆・観衆から料金を受け取らないこと
　④実演・口述を行う者に対し報酬が支払われないこと

　ただし、翻案（利用する著作物に翻訳、編曲、変形、脚色などの改変を加えること）をともなう場合には、著作権者の許諾が必要です。効果音をつけたり、音楽を流しながら行うことも前述の条件である限りは可能です。

　実演・口述する人へ交通費や昼食代相当程度の金額が支払われる場合も、無報酬に該当するとされています。これに関しては、著作権法上の扱いと、「児童書四者懇談会」の手引きの内容が次のように異なっています。

第4章　生活に身近な著作権

口述権・上演権を侵害しない条件

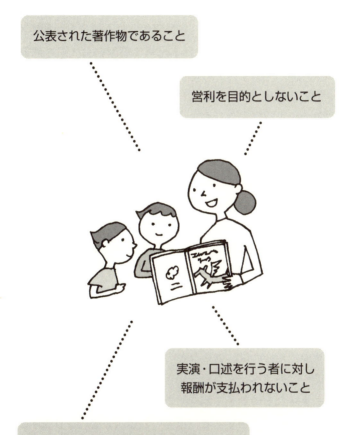

公表された著作物であること

営利を目的としないこと

実演・口述を行う者に対し報酬が支払われないこと

聴衆・観衆から料金を受け取らないこと

●書店での読み聞かせは営業行為

　著作権法上は、交通費や昼食代などの費用を聴衆・観衆から徴収することは、たとえ収益が発生しなくても料金を受けることに該当するとしています。

　一方、児童書四者懇談会（参加団体：日本児童出版美術家連盟・日本児童文学者協会・日本児童文芸家協会・日本書籍出版協会児童書部会）の手引きには、実演・口述する人やボランティアの交通費・昼食代および資料費、会場費などの経費に充当するために観客から料金を受ける場合も無許諾で利用できるとして、著作権法の規定よりやや緩和された形になっています。

　児童書四者懇談会に関わる作品を利用する場合は、このガイドラインに従っているので問題はないと考えられます。

　また、著作物である紙芝居を会場でよく見えるように拡大してつくり替えることは、著作権者の複製権の侵害になるので許諾が必要となります。しかし、拡大した紙芝居を作成するのではなく、OHPなどでスクリーンに映写して利用する場合は、著作権法上の上映を行っていることになりますが、前述の条件を満たしている場合には無許諾で行えます。

　気をつけたいのは、書店などのイベントの場合です。書店で読み聞かせのイベントを行う場合、無料・無報酬であったとしても、集客などの効果を期待した営業目的とみなされます。つまり営利目的ですから、著作権者の許諾が必要になります。

　加えて、読み聞かせや朗読会の様子を録画して、ネット配信する行為は、口述権ではなく「**公衆送信権**」「**送信可能化権**」に関わってきます。この場合は、著作権者の許諾が必要です。動画投稿サイトへの投稿も同様です。

無断でネット配信などはできない

書店での読み聞かせのイベントは、
営利目的とみなされる

読み聞かせや朗読会の様子を録画して、
ネット配信する行為は
「公衆送信権」「送信可能化権」に関わる

7 料理のレシピに著作権はある？

レシピはアイデアもしくはノウハウ

●アイデアは誰でも自由に使える

いろいろ工夫して料理方法を考えることは十分にクリエイティブなことのように思えますが、オリジナル料理のレシピと著作権の関係はどうなっているのでしょうか。

まず、料理のレシピに著作権があるのかという点では、レシピが著作物であるかどうか考える必要があります。

著作権法で保護される著作物は「思想または感情を創作的に表現されたもの」であり「文芸、学術、美術または音楽の範囲に属するもの」です。

料理の材料や調理方法・手順を示したレシピは、それ自体はアイデアもしくはノウハウというべきもので、この定義にはあてはまりません。アイデアそのものは、原則として万人が自由に使えるものです。

また、表現としても、レシピは一般に「①フライパンを熱する　②肉○グラムを炒める」というようなスタイルで書かれますが、そういう表現である限りは「一般に使用されるありふれた用語で表現したものにすぎず、表現上の創作性を認めることはできない」と判断されます。

材料や分量、手順に差異があってもアイデアであり、それを書きあらわした表現も、形としてはありきたりな用語の組み合わせにすぎず創作性はない、ということになります。

つまり、レシピの内容とそっくり同じ料理をつくることはもちろん、そのレシピと同じ内容をレシピの投稿サイトにアップ

第4章　生活に身近な著作権

レシピに創作性はない

①フライパンを熱する
②肉○グラムを炒める

料理の材料や調理方法・手順を示したレシピは、
それ自体はアイデアもしくはノウハウ

創作性はない

∥

著作物ではない

ロードしても、イベントなどで配布しても、基本的に著作権の侵害に問われることはないのです。

しかし、たとえばそのレシピの前後に、そのレシピを考えたきっかけや試行錯誤の経緯などが書かれていれば、その部分について書き手の思想や感情が表現された創作として認められる可能性が出てきます。

●料理の写真は勝手に使えない

料理の写真については、撮影者に著作権が認められるでしょう。それがレシピ集の書籍として出版されているものであれば、そのページをそのまま複写して公開したりすると「**複製権**」の**侵害**にあたります。

ただし、繰り返しになりますが、レシピ部分のデータに限れば、それ自体には著作権がないということになります。

レシピの投稿サイトには、「他人のレシピをあたかも自分で考えたかのようにして投稿しているケースが多い」ともいわれますが、そんな場合でも著作権の侵害を問うことはできないのです。

同じような料理であればレシピが偶然似てしまうことも十分に考えられますし、その結果、書かれたレシピが似たような表現になることもあり得るでしょう。

それでも、個性的で創作的なレシピの文章や写真を私的使用の範囲を超えて利用すれば、著作権侵害の可能性も生じ、それが営業秘密として守られているレシピであったりすれば、「**不正競争防止法**」違反などに問われる場合もあります。

第 4 章　生活に身近な著作権

レシピの文章や写真は使えない

写真には
著作権があるので
勝手には使えない

レシピ集（書籍）のページを
複写して公開したりすると
複製権の侵害になる

8 趣味で撮った建物の写真をアップすると

建築物の撮影に著作権上の問題はない

●**管理者が撮影を禁止しているケースがある**

「建築物」には著作物とそうでないものがあります。著作物になる建築物は「建築家や設計者の思想または感情を感じさせるような芸術性の高い建物」です。

歴史的建造物のなかには芸術性を有するものも多いと思われますが、著作物としての保護期間(著作権者の死後50年)を過ぎていれば、著作権は消滅しています。著名建築家による作品も、著作物として認められる可能性が高いでしょう。

では、建築物を撮影してブログで発表するとき、その建物が著作物だった場合、著作権の侵害になるのでしょうか。これは侵害にはなりません。

建築物で「複製」にあたるのは、その建築物とそっくりなものを建築した場合です。撮影してブログにアップロードしても、著作権上の問題はありません。

しかし、それが著作物かどうかと関係なく、建物や施設などの所有者・管理者が、撮影を禁止(撮影許可申請を要求)しているケースがあります。

その法的根拠は、**敷地・建物の所有権や管理権として認められる権利**です。これに基づいて、撮影禁止を求めることができるのです。

第4章　生活に身近な著作権

写真に写った建物に著作権はない

9 ライブで撮影禁止はなぜ？根拠は？

法的根拠は会場の管理者としての管理権

●個人的に楽しむだけなら問題ない

　日本のコンサート会場では、ほとんどの場合、観客が許可なく写真や動画の撮影、録音をすることは禁止されています。一方、海外で開催されるコンサートでは、プロ機材での撮影は禁止でも、スマホなどなら撮影・録音OKであることがほとんどです。

　日本でも最近は、一定の時間内に限ってはスマホ撮影可とするライブが出てきましたが、どうしてこのような対応の違いが生じているのでしょうか。

　まず、著作権の問題から考えてみましょう。

　楽曲の作詞・作曲者は、著作権者として**複製権**（許諾なく複製されない権利）、またシンガーやミュージシャンなどの実演家は著作隣接権として**録音・録画権**（許諾なく録音・録画されない権利）をもつため、**権利者の許諾なしにコンサート会場で録音・録画することは著作権の侵害になります**。

　さらに、これをネット上に公開すると、公衆送信権の侵害にあたります。ただし、私的使用の範囲内であれば、原則として自由に利用することができます。

　つまり、個人的に楽しむだけなら、著作権法上、問題はないということになりますが、権利者には侵害予防の措置を講じる権利もあります。

　しかし、コンサート会場で撮影・録音を禁止する法的根拠としては、会場の管理者（主催者）としての管理権によるものが

第4章 生活に身近な著作権

著作権の問題はあるか

観客が写真や動画の撮影、録音をすることは

日本では
禁止
あるいは
一定の時間内に限ってスマホ撮影可

海外では
スマホなどでの
撮影・録音は
OK

著作権法上

私的使用の範囲内であれば原則として自由

管理上

事故の防止・進行を阻害するものの持ち込み禁止

多いようです。

　コンサート会場内における事故の防止や、円滑な進行確保のために、それを阻害するものの持ち込み禁止（所持品の開示などを求める）を定めているのです。

●撮影・録音機器の使用に関するトラブル

　多くのコンサート会場で定められている禁止事項としては「録音機器、録画機器、撮影機器、およびこれらの類似機器の公演会場への持ち込みおよび使用」があげられます。

　以前は入場時の所持品検査でカメラやレコーダーが発見されると、公演中は会場預かりになるという処置がとられました。現在では、入場者のスマートフォン、携帯電話などをすべて預かることは事実上不可能なので、それらの持ち込みは容認せざるを得なくなっています。

　では、そうした撮影・録音機器を使用することによって生じる問題とはどのようなものでしょうか。

　たとえば、撮影時に発光するストロボによって、演出上の効果が妨害される、近くにいる観客に眩しいなど不快な思いをさせる、といったことがまず挙げられます。

　また、いい撮影ポイントを探して席を移動したり、移動しないまでも撮影のための姿勢が他の観客の視線を遮る形になることも考えられるでしょう。その他、電子音によって他の観客の鑑賞を妨げるなど、観客同士のトラブルの元になることはひとまず理解できそうです。

　とはいえ、撮影・録音機器の使用禁止が基本的にマナーの問題だとすれば、SNSによる宣伝効果も鑑みて、今後は規制が緩んでいく可能性が高いのではないでしょうか。

第4章 生活に身近な著作権

会場内のトラブルを防ぐ

撮影時に発光するストロボで
演出上の効果が妨害される

近くにいる観客に眩しいなど
不快な思いをさせる

電子音によって
他の観客の鑑賞を妨げる

撮影のための姿勢が
他の観客の視線を遮る

10 地域コミュニティで カラオケ大会を開催するときは？

条件をすべて満たした場合は利用許諾を得なくてもOK

●営利は？　料金は？

　地域コミュニティなどの集まりでカラオケ大会を開催する場合には、一般にJASRACに利用手続きをとります。そして、イベントの種類・規模や楽曲数などに応じて、算出された著作権使用料を支払い、使用します。

　しかし、そうした手続きがいらない場合があります。次のような条件をすべて満たした場合は、利用許諾を得ずにカラオケ大会が行えます。

①入場料がない

②プロ歌手などゲストの出演がない（ゲストがある場合はゲストにギャラを支払わない、ゲストのCDやビデオなどを会場で販売しない）

③主催者が営利団体や飲食店経営者、カラオケ教室経営者、またはカラオケ教室を含めた団体の合同、営利法人・店舗・教室の運営しているカラオケ団体ではない

④催し物の名前に飲食店等の店舗名を冠していない、教室名を冠していない

⑤入場料・参加費・出演料・審査料などの名目を問わず、参加者から金銭を徴収していない

　著作権法には「営利を目的とせず、かつ聴衆または観衆から料金を受けない場合は、公に演奏できる」とする規定がありますが、これをJASRACが解釈して具体的に記述したのが、こうした条件というわけです。

第4章 生活に身近な著作権

許諾のいらないカラオケ大会の条件

著作権 Q&A

Q 引用の条件さえ満たしていれば、イラストやマンガ、美術作品などの画像の利用は問題ありませんか?

A 引用できるのは、公表された著作物すべてです。画像も著作権法上の定めに則り、正当な範囲内で利用することができます。

Q 有名映画のパロディ映画を制作してネットにアップロードするのは、なにか問題がありますか?

A パロディにもさまざまな手法・表現があり、元作品の特徴をどこまで再現しているのかによって、著作権侵害かどうかが判断されることになります。元作品の台詞や映像などの創作的な表現に類似する要素があると、著作権（翻案権）や、著作者人格権（同一性保持権）の侵害になる可能性があります。ただし、表現とは違い、アイデアそのものに著作権はありませんので、パロディでも、元作品の設定などが同じというだけでは著作権の侵害にはなりません。

Q 大学の学園祭にロックバンドを組んで出演し、新旧洋邦のバンドの曲を演奏したいのですが、許可が必要ですか?

A その学園祭が非営利目的で、観客から料金をとらず、出演者に報酬が支払われなければ、著作物を自由に利用できます。JASRACや著作権者の許可を得る必要はありません。

Q 結婚披露宴の会場で、BGMに2人の思い出の曲を流したいのですが、許可が必要ですか?

A CDをそのまま流すのであれば、ホテルや式場の場合、通常その会場がJASRACへの手続きを行います。JASRACの管理楽曲であればOKです。

第5章

アウトかセーフか？ 著作権侵害

1 文章の剽窃とオリジナルの境界線は？

他人の意見を自分で考えたように書かない

●一定以上の一致・共通点があるか

文章を書くときに、何かを参考にすることは珍しいことではありません。

たとえば、自分のブログ記事を書くときに、いくつものサイトを見て、同じテーマで書かれた文章をつまみ食いして、コピペします。その文章をもとに、語尾を変え、接続詞を変え、いくつかの言葉を同じ意味の別の言葉に変えます。すると、なんとなく違う文章に仕上がります。書籍や雑誌などからも同じように文章をもってくることがあるかもしれません。

しかし、このようにしてできあがった文章は、**剽窃（盗用）**の域を出ません。著作権侵害の可能性が大いにあります。

しかし、同じテーマで書けば、ほかの文章を参考にしなくても、似たような文章になることがあります。では、剽窃とオリジナルの境界線はどこにあるのでしょうか。

まず、客観的な事実関係について、ありふれた表現で書かれたものについては、似通った文章になっても、ただちに剽窃とはいえないでしょう。しかし、個性的・独創的な考察・評価・感想などについての部分で共通点があれば、剽窃を疑われます。そして、総合的に判断して、一定以上の一致・共通点があり、また、その元となる著作物を知りうる立場にあれば、剽窃（著作権侵害）と判断されるかもしれません。

それを避けるための方法は次のようなものが考えられます。

①他人の文章は「引用」の要件をきちんと満たして、そのま

第5章 アウトかセーフか？ 著作権侵害

どこまでが剽窃（盗用）か

```
いくつものサイトを見る
      ↓
同じテーマで書かれた文章を
つまみ食いして、コピペする
      ↓
その文章をもとに、語尾を変え、接続詞を変え
いくつかの言葉を同じ意味の別の言葉に変える
```

なんとなく
違う文章に仕上がる

しかし

剽窃（盗用）の域を出ない

総合的に判断して、一定以上の一致・共通点があり
また、その元となる著作物を知りうる立場にあれば
剽窃（著作権侵害）と判断されるかもしれない

まの形で載せる（引用の要件については82ページ参照）。
②引用の分量が多ければ、著作権者の許諾を得て、「転載」の形で載せる。
③参考にする文章はコピペして加工せずに、一度頭の中に入れてから、そのエッセンスだけを書くようにする。他人の意見や考察を自分の考えたもののようにして書かない。

　他人の書いた文章を参考にするにしても、頼りすぎると、剽窃の汚名を免れ得なくなります。

●リライトには著作権者の許諾が必要

　近年はインターネット記事を中心に、「リライト」という執筆スタイルがよくみられます。

　リライトとは本来、出版・広告の制作過程で、元原稿を最終原稿用に書き直すことをいいます。多くの場合、元原稿のクオリティの向上、文章量の調整、目的や読者層の変更に対応した表現の変更がその目的です。

　当然、元原稿の筆者である著作権者の許諾、了承を得て行われます。ですから、リライトと称して、無断で他サイトの記事の一部を改変して、自分のブログにさも自分が最初から書いたようにして掲載することは、明白な剽窃行為になります。

　では、「要約」というスタイルはどうでしょうか。たとえば、新聞記事の主な点を短くまとめるのはどうでしょうか。

　これは、元記事から事実部分だけを取り出して、その事実を短く再構成したような要約ならセーフ、元記事の言葉を言い換えて多少短くした程度ならアウト。新聞記事も著作物ですが、そのなかの事実部分については著作物ではないとされているからです。

剽窃（盗用）を避けるために

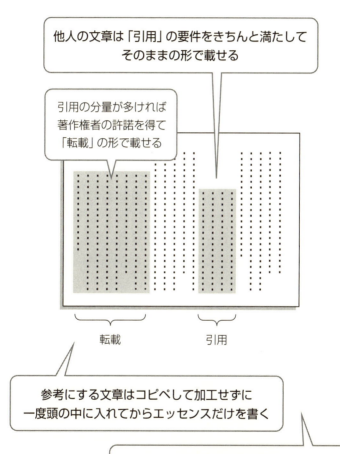

2 オマージュとパクリの境界線は？

先行作品に対する尊敬や敬意があるか

●**先行作品の賞賛を公に口にする**

「オマージュ」とはフランス語で尊敬や敬意の意味です。英語でいえばリスペクト。

オマージュとリスペクトは、芸術作品において、尊敬する先行クリエイターやその作品に強い影響を受けて、似たような作品をつくることをいいます。基本的には、**先行作品に敬意を払いながら、独自の表現を加える形**になります。

一方、先行作品への敬意を欠いた、単なる模倣や剽窃はパクリになります。

しかし、その境界線がどこにあるかは曖昧です。

先行作品から何らかのヒントを得て新しい作品を生み出すことは一般的に行われていることですが、そこに尊敬や敬意があるかどうかを第三者が明確に判断できるかといえば、必ずしもそうではありません。

もっとも、舞台設定やプロットなどのアイデアそのものは著作物ではないので、それについてはいくら似ていても、著作権の侵害にはなりません。しかし、作品の記述や登場人物の台詞、または歌詞やメロディなど、実際の表現を借りてくると、著作権を侵害することになります。

そこで、たとえば楽曲などで、先行作品とよく似たメロディや歌詞をもつ作品を新たにつくった場合、その新作品の作者が先行作品について言及し、賞賛を公に口にしていれば、その新作品はオマージュとして認知されやすく、逆に公に触れていな

第5章 アウトかセーフか？ 著作権侵害

剽窃（盗用）を避けるために

先行クリエイターやその作品に強い影響を受けて
似たような作品をつくる

敬意を払いながら
独自の表現を加える

敬意を欠いた
単なる模倣や剽窃

オマージュ

パクリ

ければパクリや盗作といわれがちです。

すなわち、元作品が第三者にも明らかで、そこに尊敬・敬意が示されていればオマージュ、元作品が不明確であたかも完全オリジナルのように装われていればパクリ、という区別になりますが、これも明確な線引きになるわけではありません。

作者がそうしたことを表明する場や機会をつねにもてるとは限らないからです。

●著作権法上はオマージュとパクリの区別はない

著作権法上はオマージュもパクリも区別されていません。

オマージュだから著作権侵害ではないということでもないのです。ただ、一般には、オマージュであれば許される（むしろ質の高いオマージュは賞賛される）が、パクリは恥ずべき行為として非難されるというように、受け手側の反応は大きく分かれます。

「オマージュだ」といわれれば、元作品の著作権者も「著作権侵害だ」とは言い出しにくいところはあります。しかし、元作品がさほど有名でなく（または売れていなくて）、新しい作品が大ヒットしたりすると、元作品の作者は複雑な思いがするかもしれません。

また、先行作品があまりにも有名で、逆に新作品の作者が無名な場合、先行作品の知名度にただ乗りしたと非難されるかもしれません。

オマージュとパクリは、先行作品への尊敬・敬意の表明という形式で一応は区別されますが、その内実にはグレーゾーンがありそうです。

第5章 アウトかセーフか？ 著作権侵害

オマージュか、ただ乗りか

3 パロディとパクリの境界線は？

著作権法上の定義はなくケースバイケースで判断

●元作品の作者にとっては不快な表現

「パロディ」という表現形式があります。

元作品を風刺・揶揄・批判する目的で、元作品の内容を改変して笑いなどの反応を受け手に喚起し、新しい作品として成立させるものです。

パロディの場合、元作品に対して批判的な姿勢をもつことが多く、それが元作品の作者にとっては不快な表現になる可能性が高くなります。

パロディもオマージュと同様、元作品が受け手に明らかであることが前提になっていますが、必ずしも明示されるわけではなく、パロディ作品が表現する批判的・風刺的内容が伝わらずに誤解を招く余地はあります。

日本の著作権法上では、パロディについての規定はなく、またフェアユース（一定基準を満たす公正な利用。170ページ参照）についての規定もないため、著作権侵害の争いになった場合の多くでは、引用の要件を満たしているかどうかが論点となります。しかし、たいていのパロディは、許容される引用の基準を充たしていないのが実際でしょう。

米国では、パロディがフェアユースにあたれば適法と判断され、フランスでは、パロディは著作権侵害ではないと規定されています。

第5章 アウトかセーフか? 著作権侵害

国によって判断が異なる

4 偶然の一致と剽窃の境界線は？

意図的な剽窃は「フリーライド（ただ乗り）」

●創作の経緯も検討する

　創作物には、偶然の一致か意図的な剽窃か、という問題がつねにつきまといます。

　日々さまざまな表現が生まれ、創作物が発表されていますが、すでに膨大な数の創作物が存在し、同じ人間が生み出すものである以上、似たような表現が生まれることは避けられません。

　もちろん、**意図的な剽窃は、先行作品の作者が得る利益の不当な侵害、他者の創作物に便乗して利益を得る「フリーライド（ただ乗り）」という不公正な行為になります。**

　しかし、自分のつくった著作物と似た著作物がすでに存在するかどうか、逐一調査して判断することは不可能です。偶然の一致と意図的な剽窃の境界線はどこにあるのでしょうか。

　それは創作者自身がもっともよく知っているはずですが、その内心を第三者が窺うことはできません。たとえば、自分の著作物にそっくりな著作物を発見したAさんが、その著作物の作者Bさんを盗作だ、著作権侵害だといって訴えたとします。

　そこで裁判所がどのように判断するかというと、2つの著作物の間の類似性を検討していきます。おもに同一性を有する部分がどこか、その部分について創作性を有するか、といったことから、その量や内容の比較、創作の経緯などが検討されます。

　その結果、類似性が認められれば、Bさんの作品がAさんの作品に依拠したものだと判断される可能性が高くなります。

　なんとなく似ている、印象が似ているというレベルではな

第5章 アウトかセーフか？ 著作権侵害

2つの著作物の類似性は？

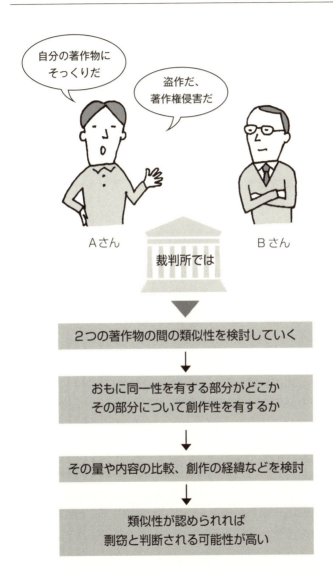

く、子細に検討した結果、類似性が認められると、依拠性も強く推認（すいにん）されます。著作権侵害と判断されるまであと一歩です。

ただし、**実際の判例では、一般的感覚ではかなり類似性が高いように見えても、類似性を認めなかったり、どちらかといえば盗作を認定するハードルは高い傾向があります。**

実際、偶然の一致でどこまで類似性が高くなるかというと、作品のジャンルによっても異なるでしょう。とくに楽曲の作品などは「無意識のうちに似てしまった」ということが実際にあり得るかもしれません。しかし、**それがたまたまなのか、常習的なのかも境界線を引く判断の１つになるでしょう。**

●先行作品の存在を知っていたかどうか

類似性が認められても、Ｂさんが「Ａさんの作品を以前に見たり聞いたりしたことがあって、それが無意識に作品に表れたのかもしれない」と主張したらどうでしょうか。これはアウトです。無意識であっても、ＢさんがＡさんの作品に基づいて、とてもよく似た作品をつくったことは著作権侵害になります。

Ａさんの作品が公表されていて、Ｂさんがそれを見聞きする機会があり、「偶然の一致」で説明困難なほど類似していれば、依拠したと認められるケースが多いでしょう。

では、Ｂさんが「そんなＡさんの作品があるなんて知らなかった」と主張したらどうでしょう。

たとえば、Ａさんの作品が創作・公表されてからＢさんの作品が創作されるまでの間、Ｂさんは入院していて昏睡（こんすい）状態にあった（昏睡状態から回復してすぐに創作した）、服役していて出所後すぐに創作したといったようなケースです。このような場合、Ａさんの作品に依拠できないためセーフとなります。

知っていた？　知らなかった？

> 「Aさんの作品を以前に
> 見たり聞いたりしたことがあって、
> それが無意識に作品に表れたのかもしれない」

と主張
↓

無意識でも、BさんがAさんの作品に基づいて
とてもよく似た作品をつくったことは著作権侵害になる

> 「そんなAさんの作品があるなんて
> 知らなかった」

と主張
↓

Aさんの作品を知ることが不可能な状況にあれば
Aさんの作品に依拠できないため

5 替え歌、アウトとセーフの境界線は？

替え歌を公に発表する場合は許諾が必要

●替え歌は歌のパロディ

　替え歌は多くの場合、歌のパロディにあたります。

　パロディとは、いわば原作を利用しながら、そこに批評や風刺など新たな価値を加える創作物です。しかし先述したように、日本の著作権法にはパロディについての規定がありません。また、歌詞の改変の仕方にもさまざまな形があり、著作権の解釈は複雑です。

　まず、元の歌詞の大部分を利用して、一部のみ改変する替え歌の場合は、著作者人格権の「**同一性保持権**」（自分の著作物の内容またはタイトルを自分の意に反して勝手に改変されない権利）と「**氏名表示権**」（自分の著作物を公表する際に著作者名を表示するかしないか、する場合には実名か変名かを決めることができる権利）が関わってきます。

　次に、元の歌詞を利用しながら、大部分を新たな歌詞にしている場合は、加えて著作権の「**翻訳権・翻案権**」（著作物を翻訳、編曲、変形、翻案等する権利。二次的著作物を創作することにおよぶ権利）が関わってきます。

　そして、歌詞をすべてまったく無関係なものに変えて、メロディだけを利用している場合は、元の歌詞の著作権とは関わりがなくなります（もちろん歌う以上、メロディをつくった作曲者の著作権は関わりがありますが）。

　いずれの場合も、利用する（替え歌を公に発表する）場合は、著作権者の許諾が必要になります。

第5章　アウトかセーフか？　著作権侵害

替え歌と著作権との関係

◎元の歌詞の大部分を利用して、一部のみ改変する替え歌

> 同一性保持権

（自分の著作物の内容・タイトルを意に反して改変されない権利）

&

> 氏名表示権

（自分の著作物を公表する際に著作者名を表示するかしないか、
する場合には実名か変名かを決めることができる権利）

◎元の歌詞を利用しながら、大部分を新たな歌詞にした替え歌

> 同一性保持権

&

> 氏名表示権

&

> 著作権の翻訳権・翻案権

（著作物を翻訳、編曲、変形、翻案等する権利。
二次的著作物を創作することにおよぶ権利）

一般に、楽曲の著作権はJASRACが信託管理していることが多いのですが、翻案権・同一性保持権の管理は行っていないため、作詞者など権利者に直接許諾を得なければなりません。

　著作権の保護期間が終了している楽曲については自由に利用できます。

　CMでクラシック音楽や外国民謡のメロディに企業名や商品名をあてて替え歌にしているのはこのパターンです。しかし、古い楽曲でも訳詞の著作権が切れていないケースもあり、これを改変する場合は注意が必要です。

●許諾なしの動画サイトへの投稿はアウト

　基本的には、歌の場合、曲の著作物と歌詞の著作物が結合したものです。

　まったく新しい歌詞をつくった替え歌は、メロディ部分については改変は行っていないということになりますが、たとえば新たにつくった歌詞があまりに下品、反社会的な内容だったりした場合には「著作者の名誉または声望を害する方法によりその著作物を利用する行為」とみなされ、作曲家の著作者人格権のうち「**名誉声望保持権**」の侵害となることもあります。

　また、営利を目的としない場合には、他人の楽曲でもその著作権者の許諾なしに演奏・歌唱することができますが、著作者人格権に影響する「**改変を加えた利用**」までは認められていないので注意が必要です。

　同様に動画投稿サイトへの投稿でJASRACの包括的利用許諾契約が有効の場合でも、替え歌はその契約の範囲外なので、許諾なしの投稿はアウトです。

第5章 アウトかセーフか？ 著作権侵害

まったく新しい歌詞をつくった替え歌

メロディ部分については改変していない

歌詞があまりに下品
反社会的な内容

著作者の名誉または声望を害する方法により
その著作物を利用する行為

名誉声望保持権の侵害

6 ダンスを踊る場合、アウトとセーフの境界線は?

創作的なダンスは著作物、著作権者は振付師

●創作的なダンスの振付けは著作物

　ダンスとは、音楽などの伴奏に合わせて行われる身体の連続動作。舞踏、舞踊もここに含まれます。著作権法では「舞踏または無言劇」として挙げられ、その振付けは著作物であるとされています。

　ただし、著作物として認められるためには、独創性を備えていなければなりません。たとえば定型的なステップの組み合わせを基本とするなど、ありふれた振付けでは著作物としては認められません。実際に、映画(「Shall we ダンス?」)のシーンで使われた社交ダンスの振付けについて、著作物として認められなかった判例があります。

　ほかにない顕著な特徴をもち、そこに思想または感情が創作的に表現されたもの、そんなダンスの振付けが著作物として著作権の保護の対象となるのです。

　こうした著作物としてのダンスを踊る場合は、著作権者の許諾が必要になります。

　著作者である振付師は、「**その著作物を、公衆に直接見せまたは聞かせることを目的として上演し、または演奏する権利を専有する**」ため、公衆に直接見せる場合は、振付師の許諾を得なければなりません。

　公衆とは「不特定の人」または「特定多数の人」です。友人数人の前で踊る場合は許諾不要ですが(特定少数)、お店などで客が1人でもその踊りを見るならアウトです(不特定)。

ありふれた振付けは著作物ではない

しかし、特定多数または不特定の人の前であっても「非営利・無料・無報酬での上演」であれば、著作権者の許諾は不要です。ただし、入場無料であっても、ダンス教室が主催するイベントなどは、宣伝などの営利目的とみなされるため、無断上演はアウトになります。

●ダンス映像の動画投稿サイトへのアップは？

最近はダンスを踊っている映像を動画投稿サイトにアップすることもよく行われていますが、これはどうなのでしょうか。

楽曲を投稿者自身が演奏・歌唱するケースでは、JASRACの著作権管理楽曲で、なおかつそのサイトがJASRACと包括的利用許諾契約を結んでいる場合、個別に著作権者に許諾を得る必要はありません（42ページ参照）。

しかし、ダンスの伴奏としてＣＤや有料配信サイトで購入した音源を使用する場合、レコード会社など音源製作者の許諾を得る必要があります。さらに、ダンスの著作権者（振付師など。会社や法人の場合もあります）からも許諾を得なければなりません。

最近、テレビドラマで使われたダンスが人気になり、そのダンスを踊った動画が続々と投稿サイトにアップされました。これについて、レコード会社は、期限を区切ったうえで、個人・非営利であること、購入した音源を使用すること、音源の長さなどを条件として、動画の削除を行わないとしました。

期限が過ぎれば、著作権者としての権利を行使し削除。つまり、基本はアウトですが、**権利者の意向次第で、黙認や条件付き許可もあり得る**ということです。

第5章 アウトかセーフか？ 著作権侵害

動画投稿サイトにアップするには

伴奏としてCDや有料配信サイトで
購入した音源を使う場合

レコード会社など音源製作者の
許諾を得る必要がある

ダンスの著作権者からも
許諾を得なければいけない

CDやDVDのコピー、アウトとセーフの境界線は？

著作権の例外規定「私的使用のための複製」

●コピーガードを解除するのは著作権侵害

　著作権の例外規定として「私的使用のための複製」があります。先にも述べましたが、個人で、家庭内などの限られた範囲で使用する場合は、著作権者の許諾を得なくても複製できる、というものです。

　私的使用のための複製として認められるためには、使用する本人が複製すること、公衆の使用に供することを目的として設置されている自動複製機器を用いないこと（コンビニなどのコピー機はOK）、コピーガードを解除して（または解除されていることを知っていながら）複製するものでないこと、違法にインターネット上にアップロードされたものと知りながらダウンロードした音楽または映像ではないこと、といった条件を満たしている必要があります。

　たとえばレンタルCD（DVDやBDでも）について、借りてきたCDやDVDを個人で使用する目的で、自分の所有する機器でコピーするのは著作権の侵害になりません。親しい友人にプレゼントするのも私的使用の範囲内でしょう（売るのはアウトです）。

　しかし、CDやDVDにコピーガードなどの複製防止措置が施されていれば、これを解除してコピーすることは著作権侵害になります。

第5章 アウトかセーフか？ 著作権侵害

レンタルのCDやDVDのコピーは？

個人で使用する目的で、
自分の所有する機器でコピーするのは
著作権の侵害にならない

親しい友人にプレゼントするのも
私的使用の範囲内

コピーガードなどの
複製防止措置を解除して
コピーすることは著作権侵害

コピーガードのないディスクについては、
コピーしても私的使用の
範囲内であればセーフ

著作権 Q&A

Q 雑誌などの写真をトレースしてイラストを描き、作品として発表しても大丈夫ですか？

A 写真を上からなぞって（トレースして）イラストを描けば、結果的に元の写真と構図などの類似性がきわめて高くなります。それを作品として発表すれば、著作権侵害となります。見てそっくりに描く模写でも、結果として類似性が高ければアウト。法的にはトレースと模写の区別はありません。ただ、元写真を参考にしても、特徴的な表現の重複がなければセーフです。

Q 画風を、他のマンガ家やイラストレーターの作品そっくりにしたオリジナルストーリーのマンガやイラストは著作権侵害にあたりますか？

A 画風や絵柄そのものに著作権があるわけではありません。有名なマンガ家やイラストレーターとそっくりの画風というだけでは、著作権侵害とはなりません。しかし、たとえば有名なキャラクターとそっくりなキャラクターを描いて、その「ありふれた部分」ではなく「本質的特徴部分」について類似性が高ければ、著作権侵害と判断されます。

Q ボブ・ディランの歌詞を英語の授業に使いたいのですが、許可が必要ですか？

A 英語の授業が「営利を目的としない学校などの教育機関」で行われるのであれば、許可なしに使用できます。カルチャースクールや企業の公開講座での英語の授業で使用する場合は、許可を得る必要があります。

Q よく有名人や犯罪者の卒業文集の作文がニュースなどのメディアに出ますが、あれは著作権法違反ですか？

A 卒業文集の作文は著作物です。したがって、これをニュースなどで報道することは、著作権（複製権）、著作者人格権（公表権）の侵害になりそうです。ただ、著作権法では、著作物を、事件報道目的で利用することを認めています。しかし、無制限に認められているわけではなく、あくまで「報道の目的上、正当な範囲内で利用している」かどうかが問われます。事件に関係のない作文を、視聴者や読者の興味本位の欲望を満たすために利用する行為は、著作権法違反になる場合があります。

第6章 著作物を正しく利用する方法

1 「パブリックドメイン」と「フェアユース」

知的財産権の消滅と「公正な使用」

●知的財産権が消滅した状態

　著作権と著作物の利用について考えるうえで、2つの重要な用語と概念があります。それは「パブリックドメイン」(PD)と「フェアユース」(FU)です。

　「パブリックドメイン」とは、著作権や特許権などを含む知的財産権が消滅した状態、または発生していない状態の知的創作物のことです。基本的に、著作権は著作者の死後50年を経過すると保護期間が終了し、誰でも自由に利用できるようになります。「自由に」というのは、再利用・再配布、商用利用が可能だということです。

　こうした作品は誰でも自由に使用できます。パブリックドメインは、社会全体で公有、共有できる財産なのです。

　パブリックドメインとなるケースには、著作者の死亡後にその著作権を誰も相続しなかった場合、著作権者が権利を放棄した場合があります。

　使用には注意点があります。まず、パブリックドメインの作品を利用して新しくつくられた著作物については、新たに著作権が発生することです。また、パブリックドメインの作品を新たに演奏したり録音したりしたものについては、著作隣接権が発生します。たとえば古いクラシックの楽曲をレコーディングしたCDについては、演奏者やレコード製作者の著作隣接権が発生しているので、無断で公衆の前で再生したり、ネットに公開したりすると、著作隣接権の侵害となります。

第6章 著作物を正しく利用する方法

パブリックドメインとは？

著作者の死後50年を経過して保護期間が終了した場合

著作者の死亡後にその著作権を誰も相続しなかった場合

著作権者が権利を放棄した場合

著作権や特許権などを含む知的財産権が消滅

 パブリックドメイン

（社会全体で公有、共有できる財産）

再利用・再配布、商用利用が可能

●フェアユースは「公正な使用」

一方、「フェアユース」とはどのような概念でしょうか。

フェアユースを直訳すると「公正な利用」。著作権者の許諾を得ずに著作物を利用しても、一定の要件を満たしていれば著作権侵害にはあたらないとするものです。これは、米国の著作権法における概念で、日本の著作権法にはない概念です。

日本の著作権法にも、私的複製や教育での利用など、著作権の制限（例外）規定がありますが、それは著作者のもつ著作権の効力が及ばない利用が列挙されているだけです。それ以外は、法的には著作権の侵害となります。

しかし、米国のフェアユースは、個別の著作権の利用が公正かどうか法的判断の余地を残すものとなっています。たとえば、米国では解説、批評、研究、教育、ニュース報道分野での使用はフェアユースとみなす考え方が浸透していて、問題があれば、裁判所で個別に判断することになっています。

その判断基準としては、次の4つの要素があります。

①利用の目的と特性（利用が商用か非営利の教育目的かなど）。②著作物の性質（作品の内容がニュースや統計のような事実に基づいたものか、作者のユニークなアイデアか）。③著作権で保護されているその作品全体に対する利用部分の比率（量と重要性）。④著作物の潜在的市場または価値に対する利用の影響（その作品の市場価値にどんな結果をもたらすか）。

日本でも近年はこのフェアユースの導入が検討されていますが、現行の著作権法の法体系への影響が大きいこともあり、なかなか現実化していません。もし導入が実現すれば、日本の著作権をめぐる環境は大きく変わることでしょう。

フェアユースの判断基準

1 利用の目的と特性

利用が商用か非営利の教育目的かなど

2 著作物の性質

内容がニュースや統計のような
事実に基づいたものか、
作者のユニークなアイデアか

3 著作権で保護されている その作品全体に対する利用部分の比率

量と重要性

4 著作物の潜在的市場 または価値に対する利用の影響

その作品の市場価値に
どんな結果をもたらすか

2

著作権があることを主張する方法

著作権を主張するとき、広く使ってもらいたいとき

●日本では©マークに法的効力はない

　著作権は著作物を創作した時点で自動的に発生します。先に創作したから与えられる権利ではありません。

　しかし、**盗作の有無が争われる場合は、どちらが先に創作されたのかも判断の一材料となります。**そこで、証拠としては創作過程の原稿や下書き、メモなどをその日時とともに記録していることが重要になります。文化庁の著作権登録制度を利用して、第一発行年月日（第一公表年月日）を登録しておく手段もあります。将来的に紛争になった際に「反証がない限りその日に公表されたと推定される」という効果があるとされます。

　また、インターネット上で公開して、画面のキャプチャーをとったりページを保存したりするのも一方法ですが、それが証拠として認められるためには、日時の記録とその日時が正確であることの証明が必要になる場合もあります。

　©マークを著作権の表示として使用するケースもあります。©はCopyrightの頭文字で、著作権を表します。著作権に関する国際条約のうち万国著作権条約のみに加盟している国は、このマークの表示がなければ著作権を主張できないことになっています。

　ところが、日本のようにベルヌ条約にも加入し、無方式主義（著作物の誕生とともに著作権が発生するという国際的に主流の考え方）を採用している国では、法的には効力のないマークとなっています。

創作した日時を証明する

著作権は著作物を創作した時点で自動的に発生

＝

著作者が著作権をもつ

しかし
盗作の有無が争われる場合

どちらが先に創作されたのかも判断材料の1つに

証拠を残す

創作過程の原稿や下書きなどを日時とともに記録しておく

文化庁の著作権登録制度で第一発行年月日を登録しておく

インターネット上で公開してページを保存しておく

しかし、自分の著作物について目立つ場所に記載しておけば、万一、著作権侵害の被害にあったときに、著作者として著作権を主張していた根拠になります。

©マークの正しい書き方は「© 著作権者名　最初の公開年（後に更新年）」ですが、とくに順番が違っても問題はありません。「All Rights Reserved.」という記述が加えられることもあります。これは、すべての権利を保有するという意味です。

● 「自由利用マーク」による意思表示

また、文化庁では、著作物をつくった著作者が、自分の著作物を他人に自由に使ってもらってよいと考える場合に、その意思を表示するためのマーク「**自由利用マーク**」を用意しています。自由利用マークには3つの種類があり、具体的な内容は右ページのとおりです。

①「プリントアウト・コピー・無料配布」OKマーク
②「障害者のための非営利目的利用」OKマーク
③「学校教育のための非営利目的利用」OKマーク

このマークをつけることによるメリットは、自分がつくった著作物を、多くの人々に広く利用してもらいたい場合に、その意思表示を利用の範囲を定めて容易に行えるというところにあります。

注意点としては、一度マークをつけて公表してしまうと、撤回が困難になることです。ただし、期限を定めることもできます。また、他人の権利が関係している場合には、このマークをつけることができません。とくに動画や音楽の場合は、自分がつくったコンテンツであっても他人の権利が関係している場合が多いので要注意です。

3種類の「自由利用マーク」

「プリントアウト・コピー・無料配布」OKマーク

「プリントアウト」「コピー」「無料配布」のみを認めるマークで、変更、改変、加工、切除、部分利用、要約、翻訳、変形、脚色、翻案などは含まれない。
会社のパンフレットにコピーして配布することは、営利目的の利用にあたるが、無料配布であればOK。

「障害者のための非営利目的利用」OKマーク

障害者が使うことを目的とする場合に限り「コピー」「送信」「配布」などあらゆる非営利目的利用を認めるマーク。
変更、改変、加工、切除、部分利用、要約、翻訳、変形、脚色、翻案なども含まれる。

「学校教育のための非営利目的利用」OKマーク

学校のさまざまな活動で使うことを目的とする場合に限り「コピー」「送信」「配布」など、あらゆる非営利目的利用を認めるマーク。
変更、改変、加工、切除、部分利用、要約、翻訳、変形、脚色、翻案なども含まれる。

（文化庁ホームページより）

3 新しい著作権ルール「CCライセンス」

インターネット時代のための新しい著作権ルール

●クリエイティブ・コモンズ・ライセンスとは？

　文化庁の「自由利用マーク」があまり普及していないのに対して、「クリエイティブ・コモンズ・ライセンス（以下CCライセンス）」は、世界の50を超える国や地域のプロジェクトチームが連携して広く活用されています。日本でも文化庁がこれを支援し、急速に普及が進んでいます。

　CCライセンスとは、「インターネット時代のための新しい著作権ルール」で、作品を公開する作者が「**この条件を守れば私の作品を自由に使ってかまいません**」という意思表示をするためのツール、と説明されています。

　これは、作品の作者＝著作権者に法律や技術に関する専門的な知識がなくても、**自分の希望する条件を組み合わせることで、自分の作品をインターネットを通じて世界に発信することができるライセンスシステム**です。

　具体的には、多くのクリエイターが希望すると思われる典型的な条件を4つ（表示・非営利・改変禁止・継承）用意し、それぞれのアイコンを組み合わせることで、自分の作品の利用条件を広く発信することができます。

　CCライセンスを利用することで、作者は著作権を保持したまま作品を自由に流通させることができ、受け手はライセンス条件の範囲内でさまざまな利用の仕方ができるのです。

　CCライセンスの仕組みの特徴は、右ページのようなものです。

第6章　著作物を正しく利用する方法

ＣＣライセンスの仕組み

クリエイティブ・コモンズ・ライセンス

1. 法律に詳しくない人でもすぐに理解できるよう、ライセンスの簡単な解説のページが用意されている。これを「コモンズ証」という。ＣＣライセンスのバナーをクリックするとコモンズ証のページが表示され、ライセンスの大まかな内容が簡単に理解できる。

2. ライセンスの具体的な内容については、万一紛争が生じたときにも対応できるよう、法律の専門家が「利用許諾条項」を作成している。作品を利用している途中で疑問が生じたときには、この「利用許諾条項」を見ることで、より詳しい利用条件を理解することができる。「利用許諾条項」は、コモンズ証のページの一番下の部分にリンクが張られている。

3. HTMLコードを貼り付けることで、コンピュータがライセンスの内容を読み取ることのできるデータが自動的に埋め込まれる。その結果、検索エンジンやアプリケーションなどで作品を見つけやすくなる。作品の利用者が、自分の希望する条件で利用できるコンテンツを簡単に探すことができると同時に、作者にとっても自分の作品が多くの人の目にとまりやすい。

4 CCライセンスで著作者の意思を表示する

4つのアイコンを組み合わせて意思を表示する

●6種類のCCライセンス

クリエイティブ・コモンズ・ライセンス(CCライセンス)は、4つのアイコンを組み合わせた6種類のCCライセンスから構成されています。それぞれについて、日本でCCライセンスの普及を行っているクリエイティブ・コモンズ・ジャパンのホームページを参考に紹介します。

まず、CCライセンスの4つの要素は「表示(BY)」「非営利(NC)」「改変禁止(ND)」「継承(SA)」です。

「表示(BY)」は、作品を創作した人(著作者)の氏名や作品のタイトルなど、作品に関する情報を表示しなくてはならないことを表します。

「非営利(NC)」は、営利目的で利用してはならないことを表します。営利目的で利用したい場合には、作品の権利者にコンタクトして別途許諾を得る必要があります。営利目的で許諾を得た場合は、このアイコンを付ける必要はありません。

「改変禁止(ND)」は、作品を改変しないことを表します。その作品の全部または一部をそのまま利用することです。

「継承(SA)」は、作品の改変は自由ですが、もしも作品を改変して新しい作品をつくった場合には、その新しい作品にも元の作品と同じライセンスを付けることを表します。

この4つの要素を組み合わせたパターンが次の6種類です。

①表示　BY

原作者のクレジット(氏名、作品タイトルなど)を表示する

第 6 章 著作物を正しく利用する方法

4つのアイコンとその意味

表示（BY）

 作品のクレジットを表示すること

非営利（NC）

 営利目的で利用しないこと

改変禁止（ND）

 元の作品を改変しないこと

継承（SA）

 元の作品と同じ組み合わせのCCで公開すること

ことを主な条件とし、改変、営利目的での二次利用も許可される最も自由度の高いCCライセンスです。

②表示-継承　BY-SA

　原作者のクレジット（氏名、作品タイトルなど）を表示し、改変した場合には元の作品と同じCCライセンスで公開することを主な条件に、営利目的での二次利用も許可されます。

③表示-改変禁止　BY-ND

　原作者のクレジット（氏名、作品タイトルなど）を表示し、かつ元の作品を改変しないことを主な条件に、営利目的での利用(転載、コピー、共有)が行えます。

④表示-非営利　BY-NC

　原作者のクレジット（氏名、作品タイトルなど）を表示し、かつ非営利目的であることを主な条件に、改変したり再配布したりすることができます。

⑤表示-非営利-継承　BY-NC-SA

　原作者のクレジット（氏名、作品タイトルなど）を表示し、かつ非営利目的に限り、また改変を行った際には元の作品と同じ組み合わせのCCライセンスで公開することを主な条件に、改変したり再配布したりすることができます。

⑥表示-非営利-改変禁止　BY-NC-ND

　原作者のクレジット（氏名、作品タイトルなど）を表示し、かつ非営利目的であり、そして元の作品を改変しないことを主な条件に、作品を自由に再配布できます。

　CCライセンスは、著作権の最終的なコントロールを作者に残しながら、さまざまな利用・共有のあり方の可能性を広げるものです。インターネット上で発信される著作物に限らず、すべての著作物を対象としています。

第6章 著作物を正しく利用する方法

著作権使用の自由度（PDから©へ）

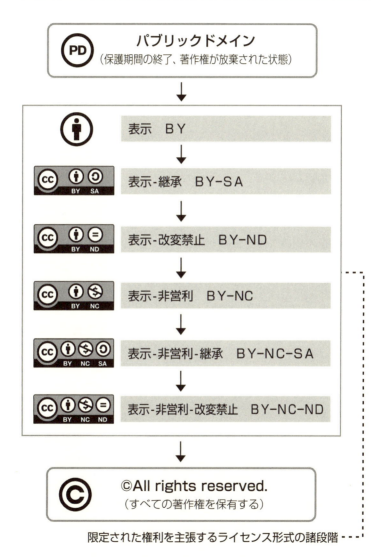

限定された権利を主張するライセンス形式の諸段階

5 利用許諾を得たいのに権利者が不明の場合は？

著作権者の所在が不明の場合は「裁定制度」を利用する

●無許可で利用することはできない

著作物を利用するためには、著作権者の許諾が必要です。

パブリックドメイン（PD）を利用する場合、CCライセンスの表示があってその内容に従う場合、著作権法で定められた例外規定にあてはまる場合を除いて、著作権者の許諾を得なければなりません。

ところが、著作権者の所在が不明で許諾が得られない場合があります。次のようなケースです。

①著作者の死後、まだ保護期間の終了を迎えていないが、遺族または権利の譲渡を受けた個人・団体の所在が不明な場合

②著作者の名義にペンネームなどの変名を使っていて本名がわからない、生死も不明な場合

③法人・任意団体が著作権者で、倒産や解散により権利が第三者に譲渡されているが、その譲渡先が不明である場合

このような場合は、やむを得ないケースとして、無許可で利用してもいいでしょうか。

結論からいえばNOです。無許可での利用は許されません。では、どうしても著作権者が見つからない場合は、著作物の利用を諦めなければならないのでしょうか。

諦める必要はありません。著作権者が不明の場合には、著作権者の許諾に代えて文化庁長官の裁定を受けて著作物を利用できる制度あります。「裁定制度」といいます。

第6章 著作物を正しく利用する方法

著作権者の所在が不明で許諾が得られないケース

著作者の死後、まだ保護期間の終了を迎えていないが、遺族または権利の譲渡を受けた個人・団体の所在が不明な場合

著作者の名義にペンネームなどの変名を使っていて本名がわからない、生死も不明な場合

法人・任意団体が著作権者で、倒産や解散により権利が第三者に譲渡されているが、その譲渡先が不明である場合

↓

やむを得ないケースとして、無許可で利用してもいい？

無許可での利用は許されない

↓

「裁定制度」を利用する

●権利者探しのための努力が必要

　裁定申請の対象となるものは、権利者もしくは権利者の許諾を得た者により公表され、または相当期間にわたり公衆に提供等されている事実が明らかである著作物、実演、レコード、放送、有線放送です。

　利用者は、裁定制度の申請を行い、あらかじめ担保金(通常の使用料額に相当する補償金)を供託すれば、著作物を利用することができますが、そのためには、権利者探しのための相当の努力をしたうえでないとなりません。

　その権利者探しのための相当の努力とは、次のようなものがあげられています。

(1) 権利者情報を掲載する資料の閲覧
①名簿・名鑑等の閲覧、②インターネット検索、③過去に裁定を受けた著作物等に関するデータベースの閲覧

(2) 広く権利者情報を保有していると認められる者への照会
①著作権等管理事業者等への照会、②関連する著作者団体への照会、③過去に裁定を受けた著作物等に関するデータベースを保有する文化庁への照会

(3) 公衆に対する権利者情報の提供の呼びかけ
①日刊新聞紙への広告、②著作権情報センターのWebサイトへの広告

　著作権関係団体については、JASRACがもっともよく知られていますが、ほかにも分野によって各種団体が利用許諾のための窓口を設けています。下記のサイトを参照してください。

　　※著作権情報センター(CRIC)　関係団体・機関リスト
　　　http://www.cric.or.jp/db/list/index.html

権利者探しのための相当の努力とは

権利者情報を掲載する資料を閲覧する

①名簿・名鑑等の閲覧
②インターネット検索
③過去に裁定を受けた著作物等に関する
　データベースの閲覧

広く権利者情報を保有していると認められる者に照会する

①著作権等管理事業者等への照会
②関連する著作者団体への照会
③過去に裁定を受けた著作物等に関する
　データベースを保有する文化庁への照会

公衆に対して権利者情報の提供を呼びかける

①日刊新聞紙への広告
②著作権情報センターのWebサイトへの広告

6 著作権トラブルを解決する仕組みと手順

当事者同士の話し合いが不調のときは制度を活用する

●専門機関の相談窓口に問い合わせる

著作権をめぐるトラブル、紛争の処理方法はケースバイケース、状況によってさまざまです。

たとえば、Aさんが自分の著作物について、インターネット上でBさんが公開しているなど著作権侵害が疑われる行為を発見した場合を考えてみましょう。

AさんがBさんに対して直接、その行為についての抗議と公開の中止要求などをメールなどで行い、Bさんがそれを認めて謝罪し、公開を中止すれば、それで問題解決です。

しかし、Bさんが著作権侵害を認めない場合、あるいはAさんがほかに損害賠償請求や名誉回復等の措置の要求などを行って、その内容についてBさんに異論がある場合などは、話し合いを続けることになります。その話し合いで、双方が合意できれば示談成立で問題解決ということになります。

こうした過程で、専門機関の相談窓口に問い合わせれば、的確なアドバイスが得られるかもしれません。

法律の内容については、**文化庁の著作権課**、または**著作権情報センター（CRIC）の相談室**では、専任の著作権相談員が電話で著作権制度全般に関する質問や、著作物の利用に関する相談に応じています。

しかし、紛争になった案件については、相談に応じていないので、その場合は、**法律相談センター（各地の弁護士会）**に相談することになります。

第6章 著作物を正しく利用する方法

まずは当事者同士で話し合う

Aさんが自分の著作物について、
インターネット上でBさんが公開しているなど
著作権侵害が疑われる行為を発見した

AさんがBさんに対して直接、その行為についての抗議と
公開の中止要求などをメールなどで行う

Bさんがそれを認めて謝罪し公開を中止すれば、問題解決

Bさんが著作権侵害を認めない場合
Aさんが損害賠償請求や名誉回復等の措置の要求などを行い、
その内容にBさんに異論がある場合

話し合いを続ける

双方が合意できれば示談成立で問題解決

こうした過程で専門機関の相談窓口でアドバイスを得る

法律の内容……………文化庁の著作権課、または
　　　　　　　　　　　著作権情報センター（CRIC）の相談室
紛争になった案件……法律相談センター（各地の弁護士会）へ

●調停制度やあっせん制度を利用する

　当事者同士の話し合いで解決しない場合は、第三者が関与して解決する制度に移行します。一般には訴訟による裁判、**民事調停法に基づく調停制度**です。

　このほかに、著作権に関する紛争の特殊性を鑑み、実情に即した簡易、迅速な解決を図るために、著作権法に基づいて「**紛争解決あっせん制度**」が設けられています。

　あっせんは、あっせん委員（著作権等の学識経験者）が、申請の内容について当事者を交えて双方の意見を聞き、その主張と要点を確かめ、実情に即した解決を目指して行われます。ただし、双方の意見があまりにもかけ離れているなど解決の見込みがないときはあっせんが打ち切られることがありますし、あっせん委員がまとめたあっせん案を受け入れるかどうかは当事者の自由意志によります。

　あっせんの打ち切りや、当事者のいずれかがあっせん案を受け入れなければ、別の解決手続きをとることになります。

　日本知的財産仲裁センターでも、著作権を含む知的財産権に関する問題についての相談・調停・仲裁を行っています。同センターは、日本弁理士会と日本弁護士連合会が設立した知的財産に関するADR（裁判外紛争解決手段）機関です。

　ADRの種類には、あっせん、調停、仲裁があり、あっせんと調停の場合には、当事者は提示された解決案を拒否することができます。しかし仲裁では、仲裁人の判断を当事者は拒否できません。また控訴や上告等の不服申立もできません。

　ADRは解決までの時間が短く、経済的であるという特徴がありますが、反面、決着が一発勝負という恐さもあります。

第6章 著作物を正しく利用する方法

当事者同士の話し合いで解決しない場合

第三者が関与して解決する制度を利用する

民事調停法に基づく調停制度

訴訟による裁判

紛争解決あっせん制度

あっせんの打ち切りや、当事者のいずれかがあっせん案を
受け入れなければ、別の解決手続きをとる

日本知的財産仲裁センターによる裁判外紛争解決手段

あっせん……当事者は提示された解決案を拒否できる
調停…………当事者は提示された解決案を拒否できる
仲裁…………仲裁人の判断を当事者は拒否できない。
　　　　　　　控訴や上告等の不服申立もできない

索引

【あ行】

あっせん制度　188
アップロード　34, 42, 58, 70, 132
アフィリエイト　64
意匠権　22
引用　34, 54, 82, 118, 142
埋め込みコード　56
映画化　110
SNS　46, 114
演奏権　24, 102, 104, 120
公の伝達権　24
オマージュ　146
音楽教室　104

【か行】

替え歌　156
楽曲　42, 58, 102, 120, 134, 138, 158
学校教育のための非営利目的利用　174
カメラマン　86
カラオケ大会　138
脚色　110, 124
キャラクター　22, 92, 112
Googleマップ　84
偶然の一致　152
クリエイティブ・コモンズ・ライセンス　176
クリッピング・サービス　100
建築物　132
公衆　26, 102, 120, 124
公衆送信権　25, 52, 60, 126, 134
口述権　24, 124
公人　66
公的な刊行物　94
公表権　26
ゴシップ記事　68
コピー　84, 98, 164
コピーガード　34, 164
コピーライト　14
コピペ　62, 118, 142
コンサート　120, 134

【さ行】

財産権　24
裁定制度　182
CD　54, 102, 165
自炊　74
実演家　28
実用新案権　22
私的使用の例外　74, 80
私的使用のための複製　32, 164
氏名表示権　26, 50, 64, 156
写真　52, 60, 66, 86, 114, 130, 132
JASRAC　42, 102, 120, 138
社内研修　96
社内報　80
上映権　24
上演権　24, 102, 124
障害者のための非営利目的利用　174
小説　14, 110, 122
肖像権　66
譲渡権　24, 30
商標権　22
商品写真　88
証明写真　88
商用・非商用　106
親告罪　38
新聞記事　96, 98, 122
スキャン　74
スナップ写真　88
スマホ　66, 72, 134
損害賠償　36, 66, 72, 122, 186

【た行】

タイトル　122, 156
貸与権　25, 31
ダウンロード　34, 56, 70
ただ乗り　122, 148, 152
ダンス　160
地図　84
知的財産権　22
調停制度　188
著作権　14
著作権者　14
著作権使用料　104, 120, 138
著作権侵害　14, 36, 142
著作権情報センター　186

著作権登録制度　172
著作権の買い取り　86
著作権の例外規定　32, 76, 164
著作権フリー　82, 90, 106
著作権法　14
著作者人格権　22, 24, 86
著作物　14
著作隣接権　28, 44, 134, 168
Twitter　46, 50
DVD　164
転載　34, 80, 94, 118, 144, 180
展示権　24
電子書籍　74
電子書籍化　74
同一性保持権　26, 64
動画投稿サイト　42, 56, 126, 162
統計資料　94
盗作　118, 148, 152, 172
特許権　22

【な行】

ニコニコ動画　42, 56
二次的著作物　24, 110, 156
日本知的財産仲裁センター　188
日本複製権センター　98
ネットオークション　60

【は行】

パクツイ　50
パクリ　146, 150
パブリシティ権　66
パブリックドメイン　168, 182
パロディ　112, 150, 156
万国著作権条約　20
頒布権　24
BGM　102
非営利目的の教育機関　96
剽窃　118, 142, 146, 152
ファイル　70
フェアユース　84, 150, 168
Facebook　46
複製権　24, 30, 50, 60, 98, 112, 134
付随対象著作物　114

不正競争防止法　112, 122, 130
プライバシー権　66
フリーライド　152
プリクラ　88
振付け　162
プレゼン資料　90
ブログ　52, 56, 66, 114
ベルヌ条約　20
編曲　110, 124, 156
変形　24, 94, 110, 124, 156
報告書　84, 94, 118
報酬請求権　30
放送事業者　28
ホームページ　48, 52, 62, 86
保護期間　18
翻案権　24, 112, 156
翻訳権　24, 156

【ま行】

Ⓒ　172
無断転載　64, 82
無料コンサート　106

【や行】

有線放送事業者　28
YouTube　42, 56, 72
有名人　66
読み聞かせ　24, 124

【ら行】

ライブハウス　120
リツイート　50
リライト　144
リンク　46, 72
レコード製作者　28, 168
レシピ　128
レポート　84, 118
レンタルＣＤ　34, 164
レンタルＤＶＤ　34, 164
論文　118

〈監修者プロフィール〉
宮本 督（みやもと ただし）
1970年、千葉県生まれ。東京大学文学部卒業。1998年4月弁護士登録（第二東京弁護士会）。2001年に中島・宮本・溝口法律事務所を開設。数多くの企業と顧問契約を結んでおり、会社同士のトラブルを解決する手腕は広く信頼されている。取扱分野は多岐にわたり、知的財産権についての諸問題、企業の再建・倒産、労働問題の他、トラブルが急増しているインターネット上の法律問題にも詳しい。著書や共著に『アルバイト雇用の法律相談』（弘文堂、共著）、『Q&A 改正派遣法早わかり』（税務経理協会、共著）、『社長が決断するとき』（税務経理協会）、『ネットトラブルの法律知識と対処法』（同文舘出版、編著）がある。

〈構成〉小西慶太
〈編集協力〉ことぶき社
〈イラスト・本文DTP〉富永三紗子
〈カバーデザイン〉河村 誠

これだけは知っておきたい
「著作権」の基本と常識

2017年8月3日　初版発行

監修者　宮本　督
発行者　太田　宏
発行所　フォレスト出版株式会社
　　　　〒162-0824　東京都新宿区揚場町2-18　白宝ビル5F
　　　　電話　03-5229-5750（営業）
　　　　　　　03-5229-5757（編集）
　　　　URL　http://www.forestpub.co.jp
印刷・製本　萩原印刷株式会社

©Tadashi Miyamoto 2017
ISBN978-4-89451-767-7　Printed in Japan
乱丁・落丁本はお取り替えいたします。